PETER T. LENHART, 1970 in München geboren, studierte Volkskunde, Germanistik und Amerikanistik an der Ludwig-Maximilians-Universität München. Während des Studiums arbeitete er mehrere Monate für die Klosterbrauerei Andechs und war gleichzeitig Führer in der Landesausstellung »Herzöge und Heilige«. Er ist Mitbetreiber der »Galerie Royal« in München und Autor zahlreicher Veröffentlichungen zu bildender Kunst, Kunsttheorie und Ästhetik sowie zu kulturwissenschaftlichen Themen.

edition monacensia
Herausgeber: Monacensia
Literaturarchiv und Bibliothek
Dr. Elisabeth Tworek

Peter T. Lenhart
Andechs
Ein Reise- und Lesebuch

Weitere Informationen über den Verlag und sein Programm unter:
www.allitera.de

Bibliografische Information der Deutschen Nationalbibliothek
Die Deutsche Nationalbibliothek verzeichnet diese Publikation
in der Deutschen Nationalbibliografie;
detaillierte bibliografische Daten sind im Internet
über <http://dnb.ddb.de> abrufbar.

Januar 2009
Allitera Verlag
Ein Verlag der Buch&media GmbH, München
© 2009 für diese Ausgabe: Monacensia Literaturarchiv und Bibliothek
Leitung: Dr. Elisabeth Tworek
und Buch&media GmbH, München
Umschlaggestaltung: Kay Fretwurst, Freienbrink
Herstellung: Books on Demand GmbH, Norderstedt
Printed in Germany
ISBN: 978-3-86520-321-2

Inhalt

Der Gott gefällige und angenehme Berg 7
Die Anfänge 8
Auferstanden aus Ruinen 9
Ein vollkommener Ablass und eine Klostergründung 10
Wein und Bier 13
Krieg! 14
Ein Blitz, ein Brand, ein Wiederaufbau 16
Erneuerung im Glanze des Rokoko 17
Andechser Madonnen 19
Der Andechser Himmel 20
Selbstbeschreibung 22
Sturmzeichen der Säkularisation 23
Die Stunde der Diplomaten 26
Chronik eines angekündigten Untergangs 29
Auflösungserscheinungen 31
Staatsvandalismus und ein enthaupteter Herzog 34
Versuch einer Bilanz 36
Ein Ausverkauf, ein Neubeginn 38
Glaube, Bier, Empörung 43
Bruder Jakob und ein toter König 43
Naherholung und Expansion 45
Die Marke »Andechs« und ein Streit 47
Oeconomie und Caritas 50
Das Andechser Gefühl 52

INFORMATIONEN
Kloster- und Wallfahrtskirche 55 · Biere 56 · Bräustüberl 57
Klostergasthof 58 · Anreise 58 · Internet 59

TEXTE ÜBER ANDECHS
Ludwig Thoma: Die Wallfahrt 60
Ludwig Thoma: Der Postsekretär im Himmel 62
Oskar Panizza: Die Wallfahrt nach Andechs
Ein oberbairisches Sittenbild 69

LITERATURHINWEISE 97
BILDNACHWEIS 99

Der Gott gefällige und angenehme Berg[1]

Im bayerischen Alpenvorland hat der Loisachgletscher im Verlauf der letzten Eiszeit zwischen Starnberger und Ammersee eine der anmutigsten Hügellandschaften ganz Europas geschaffen. Das Vorrücken und anschließende Wiederabschmelzen des Gletschers hinterließ unter anderem den Andechser Klosterhügel, der sich etwa 40 Meter über das nächstgelegene Dorf Erling und knapp 180 Meter über den Wasserspiegel des Ammersees erhebt. Der Name dieses 711,4 Meter über NN gelegenen Platzes taucht in den Aufzeichnungen erstmals 1068 als »Andehsa« auf, dann als »Anadehse« (1104–1122), »Anadesse« (1143) und »Andehs« (1147), und erscheint schließlich zwischen 1155 und 1173 in der heute noch gebräuchlichen Form Andechs. Er lässt sich wohl vom romanischen Alpenwort »daksia«, Eibe, herleiten und bezeichnet dem gemäß eine »inmitten und über einem Eibenwald gelegene Bergkuppe« – eine Etymologie, die bis heute durchaus sinnfällig ist, wenn man sich dem Kloster auf die einzig angemessene Weise nähert, nämlich zu Fuß, von Herrsching kommend, durch das tief eingeschnittene, schattige Kiental. Bis ganz am Schluss ist man fast durchgehend in Gesellschaft von Bäumen (inzwischen weniger Eiben, vielmehr ein gefälliger Schluchtwald mit Buche, Fichte, Ahorn, Esche, Linde und Ulme) unterwegs, nur gelegentlich scheint gegen Ende des Weges oben zwischen den Wipfeln ein Stück Dach, ein Mauereck oder ein Ausschnitt des Turmes mit der charakteristischen welschen Haube durch, und erst beim letzten, steileren Stück des Aufstiegs erscheinen plötzlich der Turm und die Südfassade der Klosterkirche in Gänze und in ganzer Pracht.

Der letzte Anstieg vor dem Ziel

---

[1] Übersetzung der lateinischen Inschrift an der Empore der Klosterkirche Andechs: **MONS GRATVS AC PLACENS DEO** (Chronogramm auf das Jahr 1755).

Die Anfänge

Ähnlich unvermittelt und eindrucksvoll taucht aus dem Dunkel des Hochmittelalters auch jene Dynastie auf, die die Geschicke des Berges nachhaltig, die Geschicke Bayerns und Europas weniger nachhaltig, aber dafür zeitweise sehr weitreichend geprägt hat. Wenn man von ungesicherten Traditionen und Legenden absehen will, werden die Grafen von Dießen erstmals in der ersten Hälfte des 11. Jahrhunderts fassbar. Ihr eigentliches Herrschaftsgebiet umfasst zunächst (um 1040) das Gebiet zwischen Amper, Ammersee, Ammer und Lech, wird jedoch schon bald erweitert um großflächige Gebiete östlich des Ammersees, bis zur Loisach und zur Isar sowie am Inn bis zum Bereich des heutigen Wasserburg, später (1157) kommt noch die Grafschaft Wolfratshausen hinzu, die den altbayerischen Besitz bis zur Mangfall ausdehnt. Zu dieser Zeit allerdings haben die Grafen ihren Stammsitz längst dem von ihnen gestifteten Augustiner Chorherrenstift Dießen übereignet, das 1132 mit einem päpstlichen Schutzprivileg bestätigt wird. Seitdem bezeichnet man sie üblicherweise nach ihrem neuen Hauptsitz (an welchem sie schon spätestens seit 1080 eine Burg besessen hatten): Grafen von Andechs bzw. Andechs-Meranier.

Diese Bezeichnung hat allerdings schon mit dem weit über Altbayern hinausweisenden, dem in der Tat europäischen Rang zu tun, den die Dynastie in der Folge gewinnen, aber ebenso schnell wieder verlieren sollte. Grundlage dieser beispiellosen Machtexpansion waren vor allem die unbedingte – und immer wieder großzügig belohnte – Treue zum staufischen Königshaus sowie eine zunehmend ambitionierte Heiratspolitik. So erweiterte sich der Andechser Einflussbereich im Laufe des 12. und frühen 13. Jahrhunderts u. a. am Obermain (1130 Bau der Plassenburg ob Kulmbach), in Niederbayern, in Tirol (1180 Gründung von Innsbruck) und am Brenner, in Kärnten und Krain, schließlich sogar um die Pfalzgrafschaft Burgund. 1172 waren die Andechser mit der Markgrafschaft Istrien belehnt worden, 1180 stiegen sie als Herzöge von Meranien gar in den Reichsfürstenstand auf. Beinahe bis zu ihrem Ende verfügte die Familie auch über wichtige geistliche Machtpositionen: Sie waren Vögte über etliche einflussreiche Klöster (Tegernsee, Benediktbeuern, Banz, Langheim, Neustift b. Brixen u. a.), Bischof Otto aus dem Hause Andechs ließ in Bamberg den berühmten Dom erbauen, ein anderer Andechser wurde Patriarch von Aquileia. Noch erheblich geistlicher wirkt das Geschlecht der Andechser aber über seine diversen Seligen und Heiligen, zuvorderst die heilige Elisabeth von Thüringen (1207–1231, Kanonisierung 1235) und die heilige Hedwig von Schlesien bzw. von Andechs (1174–1243, Kanonisierung 1267), die bis heute nicht nur auf dem Heiligen Berg verehrt werden.

Doch wie es der Volksmund will, ist schnell gewonnen bisweilen tatsächlich schnell zerronnen. Unglücklicherweise wurde im Jahr 1208 König Philipp von Schwaben just im Hause des Andechs-Meranischen Bischofs Ekbert von Bamberg ermordet, in Anwesenheit von dessen Bruder, Heinrich von Istrien. Obwohl der Mörder der bayerische Pfalzgraf Otto VIII. von Wittelsbach (1180–1209) war, gerieten die Andechser in den Verdacht der Komplizenschaft und der Konspiration und verloren Ämter, Titel und Besitz. Ironischerweise war es ausgerechnet das Haus Wittelsbach, das einen erheblichen Teil der auf diese Weise frei gewordenen Gebiete an sich bringen konnte und so seine Vormacht in Bayern dauerhaft konsolidierte. Obschon die Andechser sich wenig später rehabilitieren konnten und einiges wiedergewannen, sollten sie ihre zuvor innegehabte Machtfülle nie wieder erringen können. Mit dem Aussterben der Familie in männlicher Linie 1248 zerfiel der Besitz endgültig.

Auferstanden aus Ruinen

Die neue Stammburg auf dem Andechser Hügel war vermutlich bereits 1209, im Zuge der verhängten Reichsacht über Ekbert und Heinrich, geschleift worden. Übrig blieben nur eine dem heiligen Nikolaus geweihte Kapelle sowie ein Haufen mehr oder weniger fromme Legenden über die Familie, ihre Heiligen und nicht zuletzt über ihre mythisch umflorte Abstammung von einem Grafen Rasso, dessen sterbliche Überreste im nach ihm benannten Kloster von Grafrath verehrt wurden. Rasso sollte der Legende nach im 10. Jahrhundert im Heiligen Land gegen die sogenannten Ungläubigen gekämpft haben, und zwar so ungemein verdienstreich, dass er mit kaiserlicher Billigung in Konstantinopel, Rom und Mailand einen großen Schatz von Reliquien zusammentragen durfte, eine erkleckliche Sammlung wirkmächtiger »Heiltümer«, die von den späteren Andechser Dynasten angeblich noch vermehrt wurde.

Historisch greifbar wird der Andechser Heiltumsschatz allerdings nicht vor dem 26. Mai des Jahres 1388, als weit über einhundert penibel beschriftete Reliquien unversehens in einer unter dem Altar der Andechser Nikolauskapelle verborgenen Truhe »wiederentdeckt« wurden. In der Klosterkirche erzählen heute noch 26 an der geschwungenen Empore angebrachte Bildtafeln mit kurzen Texten die wechselvolle Geschichte des Schatzes, von seinen Ursprüngen, seinem Verschwinden und von seiner späteren Verehrung. Über die Auffindung informiert der lapidare Reim »Ein' Maus zeigt mit dem Zettel an/wo man das Heiligtum finden kann«. Das Bild dazu zeigt die Maus, die mit einem Stück Papier (angeblich einer der Reliquienbeschriftungszettel) in der Schnauze auf der Altarstufe steht, den gerade beim Zelebrieren der Messe gestörten Priester, der staunend die Arme ausbreitet, einen Messdiener, bei dem nicht klar ist, ob er seine Hände noch aus dem Ablauf des Gottesdienstes heraus oder bereits in frommer Vorfreude auf die kommenden Reichtümer gefaltet hat, und schließlich einen – seiner Kleidung nach – sehr vornehmen Herrn, der in der Kirchenbank kniet und einen Rosenkranz betet, allerdings mit einem stoisch-skeptischen Gesichtsausdruck, als wäre sogar ihm als Augenzeugen die ganze Sache sehr suspekt.

Ein vollkommener Ablass und eine Klostergründung

Eine ähnliche Mischlage aus Erstaunen, frommer Begeisterung und Skepsis herrschte zunächst wohl auch allgemein, nachdem eine herzogliche Untersuchungskommission den sensationellen Fund geborgen hatte: etliche Herrenreliquien (etwa ein Stück der Dornenkrone Christi, ein Stück Tischtuch vom letzten Abendmahl, ein Kreuzpartikel), Stücke vom Rock, vom Gürtel und vom Tischtuch Mariae, das Messgewand von St. Petrus, eine Stola von St. Nikolaus, aber auch ein Armknochen von St. Laurentius, ein Stück Kinnlade des heiligen Vitus, ein Zahn der heiligen Serena usw. sowie einige Reliquien, die auf die Familie der Andechs-Meranier verweisen, etwa das Brautkleid der heiligen Elisabeth. Nicht zuletzt freilich auch drei wundertätige Hostien, die Antragungen von Blut und Fleisch Christi aufweisen (in Form von Kreuz und Christusmonogramm) und auf Wunder der heiligen Päpste Gregor des Großen und Leo IX. zurückgehen. Woher alle diese Reliquien wirklich kamen, wer sie versteckt hat, warum und wann, darüber lässt sich nur spekulieren.

Tatsache ist lediglich, dass die diversen Eintragungen im sogenannten »Andechser Missale« des 10. Jahrhunderts, in denen die Begründung des Schatzes durch Rasso, die Erwerbung der Bluthostien, eine frühe Wallfahrtstätigkeit und schließlich das Vergraben der Reliquien bezeugt werden, eine literarisch fantasievolle Fälschung sind, die um 1388 wohl im Kloster Ebersberg angefertigt wurde. Der Ebersberger Abt, zu dessen Einflussbereich Andechs mittlerweile gehörte, beanspruchte den Heiltumsschatz zwar, unterlag aber den Wittelsbacher Herzögen, die ihre Ansprüche als Rechtsnachfolger der Andechs-Meranier geltend machen konnten und ihn am Nikolaustag 1389 nach München bringen ließen. »Das Heiligthum wird nach München g'führt / Und von vielen Tausend venerirt«, wie man auf der Andechser Empore nachlesen kann.

Gravitationszentrum der Andechser Reliquiensammlung: Die drei Heiligen Hostien.

Schon 1391 wurden dafür von Papst Bonifaz IX. umfangreiche Ablässe gewährt, und durch eine päpstliche Urkunde vom 1. Februar 1392 wurde der Besuch der vier Münchner Kirchen, in denen die Reliquien ausgestellt waren, gar der »Romfahrt eines Jubeljahres« gleichgestellt und mit einem entsprechenden vollkommenen Ablass belohnt. Die »Romfahrt ze Munichen« (das Münchner »Gnadenjahr« dauerte vom dritten Fastensonntag bis zum Oktavtag St. Jacobi am 1. August) war eine bis dahin »neu und unerhörte Sach in Deutschland«, wie Aventinus schreibt, immerhin der erste Jubiläumsablass außerhalb der Heiligen Stadt Rom. Man mag vermuten, dass die entschiedene Parteinahme der bayerischen Herzöge für Bonifaz IX. – gegen den Avignoneser Gegenpapst Clemens VII. – mitverantwortlich war für diesen bemerkenswerten Gunsterweis...

Wahrscheinlich bald darauf fiel jedoch seitens der Wittelsbacher schon der Entschluss, in Andechs an der Stelle der ehemaligen Burg ein Kloster oder Stift zu errichten, und ab 1394 wurden – beginnend mit den drei Hostien – die Reliquien sukzessive dorthin zurückgeführt. Es waren Dießener Chorherren, die hier 1423–27 eine dreischiffige gotische Hallenkirche mit dreiseitigem Chorschluss zur Betreuung der immer zahlreicher erscheinenden Wallfahrer erbauen ließen. 1438 gründete Herzog Ernst ein weltliches Kollegiatsstift mit einem Propst und sechs Kanonikern. In der Folge kamen die Chorherren zwar gerne auf den Heiligen Berg, um ihre Pfründe einzunehmen, hielten sich sonst jedoch lieber an ihren bisherigen Wirkungsstätten auf, was der seelsorgerischen Betreuung der Wallfahrer wenig förderlich war. Insbesondere der dritte Propst des Stifts, Thomas Pirkheimer, war »ein echter Vertreter des dekadenten höheren Klerus seiner Zeit«, den »Ehrsucht und Habsucht zugleich leitete« (Bauerreiss). Ernsts Sohn Albrecht III., genannt der Fromme, wandelte das Stift schließlich mit päpstlicher Erlaubnis in ein Kloster um, das 1455 mit sieben Benediktinern aus Tegernsee besiedelt, bis 1458 wesentlich ausgebaut und schließlich – mit der ersten Abtwahl – selbstständig wurde.

Herzog Albrecht III. von Bayern

Andechs war damit die spätestgegründete bayerische Benediktinerabtei vor der Säkularisation, doch die soliden Dotationen, späteren Zukäufe und die immer beliebtere Wallfahrt im Verein mit benediktinischer Tatkraft (und »stabilitas loci«) sollten das Kloster bald in vieler Hinsicht zu einem der strahlkräftigsten werden lassen. Der fromme Stifter blieb seiner – auch als Wittelsbacher Hauskloster gegründeten – Abtei sogar auf die ganz lange Sicht tief verbunden: Nach seinem Tod 1460 fand er die letzte Ruhestätte in der Gruft der Klosterkirche.

Wein und Bier

Bereits 1438, im Gründungsjahr des Kollegiatstifts, ist erstmals ein gastronomischer Betrieb auf dem Heiligen Berg erwähnt, in Gestalt einer herzoglichen Tafernwirtschaft. Die herzogliche Stiftungsurkunde, vom »Montag nach dem Sonntag, Als man in der Hailigen Römischen Kirchen singt: Quasimodo geniti« 1458, nennt ebenfalls eine »Tafern zv Andechs« sowie Zapf- und Schankrecht dort selbst, in Erling, Alling, Utting und Germering. Wenngleich die konkreten Belege aus dieser Zeit dafür fehlen, mag man von so umfangreichen Schankrechten wohl auch mit einiger Berechtigung auf die Einrichtung einer Klosterbrauerei schließen. Lange bevor diese aber im 17. Jahrhundert auch urkundlich greifbar wird, stößt man auf Weinbezugsrechte aus dem Celleramt Bozen, die das Kloster durch herzogliche Stiftung von 1464 bzw. 1487 besaß. Eigene Weingüter erwarb Andechs – im Gegensatz zu den meisten anderen Klöstern, wo diese bereits zur Gründungsausstattung gehörten – erst nach dem Dreißigjährigen Krieg: 1675 den Kuglerhof in Moritzing bei Bozen (den man 1678 durch einen Weinberg erweiterte), 1767 noch den Mantschenhof ebenda. Der Wein aus Moritzing wurde nicht nur im Kloster als Messwein verwendet, sondern auch etwa für das Andechser Wirtshaus in Stegen am Ammersee auf Flaschen gezogen und dort in Gläsern kredenzt. Aus heutiger Sicht bemerkenswert ist, dass die Andechser Benediktiner damit zu den Ersten gehören, die diese moderne Form des Weinabzugs und -ausschanks praktizierten, ebenso wie sie ihre Weine bereits früh nach Anbaugebiet und Hofherkunft kennzeichneten. Das barocke Wirtshaus-

Das Wirtshausschild am Klostergasthof

schild am heutigen Klostergasthof (ein stattlicher Traufseitbau mit Giebelrisalit aus der zweiten Hälfte des 17. Jahrhunderts), das einen Weinpokal zeigt, erinnert daran, welche Bedeutung und Wertschätzung der Wein auf dem Heiligen Berg einst hatte – während das Bier lange vor allem ein notwendiges, aber nicht allzu hoch geschätztes Grundnahrungsmittel war.

Krieg!

Die alte Tafernwirtschaft wurde im Mai 1632 zerstört – von schwedischer Soldateska niedergebrannt, als der große Krieg, der noch gar ein Dreißigjähriger werden sollte, nach Andechs kam. Begonnen hatte dieser, nach gängiger Lesart, ebenfalls im Mai, vierzehn Jahre zuvor, mit der Defenestration der kaiserlichen Statthalter in der Prager Burg. Seitdem mäanderte eine Serie von Gefechten, Belagerungen, Plünderungen, von Hungersnöten und Seuchenausbrüchen langsam aber stetig durch halb Europa. Wie bei kaum einem anderen Ereignis der neuzeitlichen europäischen Geschichte erscheinen bei diesem endlosen und entgrenzten Krieg auf den ersten Blick die eigentlichen Anlässe und Motive der diversen Akteure kaum mehr befriedigend zu entwirren, geschweige denn, dass das Wissen um konfessionelle Widersprüche oder um dynastische und territoriale Gegensätze zwischen den diversen europäischen Mächten tatsächlich in der Lage wäre, die unvorstellbaren Gräuel an der Zivilbevölkerung zu erklären.»Während die Barockkultur sich anschickt, ihre ersten dunklen Blüten zu entfalten, sieht man in einem östlichen Winkel Mitteleuropas einen wilden Krieg aufflammen, der, an plötzlichen Zufällen entzündet und doch aus den tiefsten Untergründen der Zeitseele hervorbrechend, sogleich gierig weiter rast, sich unaufhaltsam in den halben Erdteil hineinfrisst und, launisch bald hier, bald dort emporlodernd, Städte, Wälder, Dörfer, Felder, Kronen, Weltanschauungen in Asche legt, schließlich aber nur noch seinem eigenen Gesetz gehorcht, indem er wahllos überallhin züngelt, wo er noch Nahrung vermutet, bis er eines Tages ebenso rätselhaft verlischt, wie er entbrannt war, als einzige große Veränderung nichts hinter sich lassend als eine ungeheure gespenstische Leere: zerbrochene Menschen, beraubte Erde, tote Heimstätten und eine entgötterte Welt. Unter den vielen langen und sinnlosen Kriegen, von denen die Weltgeschichte zu berichten weiß, war der Dreißigjährige einer der längsten und sinnlosesten, wahrscheinlich gerade darum so lang, weil er so sinnlos war.« (Egon Friedell)

Dieser Krieg, der überall furchtbar war, traf Bayern in besonders furchtbarer Weise, nachdem sich Anfang 1623 die Schweden unter Gustav II. Adolf massiv nach Süden gewandt hatten, um den bayerischen Kurfürsten Maximilian I. als eine der Hauptstützen der katholischen Liga zu besiegen. Eines der eindrücklichsten Zeugnisse aus jener Zeit stellen die Tagebücher des damaligen Andechser Subpriors und späteren Abtes Maurus I. Friesenegger dar, die nicht nur belegen, dass Andechs von allen bayerischen Klöstern wahrscheinlich am meisten unter dem Krieg und seinen Folgen zu leiden hatte, sondern auch, dass es beinahe egal war, welche Truppen eigentlich genau einfielen: Erheblicher Schaden entstand dem Kloster von 1632 bis zum letzten Jahr des Krieges, beständig und von allen Seiten.»Ganz gleich, ob es jeweils Truppen der katholischen Liga oder der protestantischen Union waren, die terroristische Misshandlung der Städter und Bauern blieb dieselbe: Der Großkrieg war inzwischen zum Krieg entfesselter Armeen gegen die Bevölkerung verkommen.« (Friedrich Prinz) Schon Frieseneggers Schilderung des ersten Feindeinfalls in Andechs zeigt dies in aller Anschaulichkeit. Am Dienstag, dem 18. Mai 1632,»kamen früh morgens 16 Reiter vor das Tor des Klosters Heiligenberg, und da sie nicht gleich eingelassen wurden, hieben sie das Tor mit Hacken und Gewalt ein, und nur mit Mühe retteten sich die 2 Herren, Hausmeister und Pfarrer, mit den Bedienten, die noch da waren, durch den Garten in das Kiental, und nahmen die Flucht weiter an den See, wo schon eine Menge Leute, und Kinder weineten und heulten, nacher Dießen. Der eine trug ein Brot, der andere ein Bett, die mehreren nichts als weinende Kinder.

Die ersten besagten feindlichen Reiter blieben nicht länger als 2 Stunden, raubten 26 Pferde, und das Bessere, was sie im Kloster fanden, und gingen damit davon. Um 9 Uhr kamen mehrere andere, raubten noch mal, und wurden von einigen Reitern, die von Weilheim kamen, in die Flucht gejagt, und 2 davon getötet. Die Weilheimer zogen als Sieger ins Kloster ein, raubten mit, und gingen von Wein, und Bier volltrunken nacher Haus, und überließen Kloster und Dorf ihrem Schicksal. (...) Es kamen bald mehrere nach, und am Mittwoch, als am Vorabend der Auffahrt (Christi Himmelfahrt) wurde abends das obere Wirtshaus abgebrannt.«

Ein Blitz, ein Brand, ein Wiederaufbau

Die eigentlichen Klostergebäude (und der Reliquienschatz, der allerdings zwischendurch immer wieder ausgelagert und versteckt werden musste) überstanden den Krieg erstaunlicherweise einigermaßen glimpflich. Doch noch während das Kloster dabei war, sich von den langfristig spürbaren wirtschaftlichen Kriegsschäden zu erholen (auch das Umland, darunter etliche klostereigene Güter und Hofmarken, waren nachhaltig verheert worden), schlug der Zufall, in Gestalt eines Blitzes, mit jener hinterfotzigen Ironie ein, die der Volksmund sonst gemeinhin dem Schicksal zuschreibt. Am 3. Mai 1669 wurde fast das gesamte Kloster bis auf die Grundmauern zum Raub der Flammen (allerdings wiederum mit Ausnahme der Heiligen Kapelle und des Reliquienschatzes). Abt Maurus II. Rambeck, gerade einmal drei Jahre im Amt, begann unverzüglich mit dem Neubau, bei dem das Kloster im Wesentlichen die Gestalt erhielt, die es noch heute hat. Wenn vorher vom Bier als Grundnahrungsmittel die Rede war, so kann dies deutlich illustriert werden durch die Tatsache, dass der erste Teil des Klosters, für den der kurfürstliche Hofbaumeister Marx Schinnagl (1612–1681) den Neuplanungsauftrag erhielt, »Preuhaus, Pfister und Traydtkasten« umfasste; Brauerei und Bäckerei konnten auch tatsächlich schon Ende 1669 ihren Betrieb wieder aufnehmen. Die Hauptbauarbeiten begannen erst Anfang 1670, nach Plänen Schinnagls, ausgeführt durch den Hofmaurermeister Gaspare Zuccalli (1629–1678), und waren bis 1674 im Wesentlichen abgeschlossen, die Turmerhöhung wurde 1675 vollendet. Indem der Neubau im Prinzip auf den noch vorhandenen Fundamenten des alten Klosters aufsitzt, unterschied er sich von den meisten anderen Klosterneubauten seiner Zeit ebenso wie vom traditionell üblichen Klosterschema, und blieb damit – in gewisser Weise anachronistisch – sichtbar dem mittelalterlichen, nicht ganz geradlinigen Bauverlauf, den Bedürfnissen der Wallfahrt und der unebenen Topografie verpflichtet. Von Modernität und bestechender Zeitgenossenschaft in jener Bauphase zeugen allerdings mannigfaltige Details der inneren Ausgestaltung im Klausurbereich: etwa die Enfiladen im Ostflügel oder die exzellenten Stuckaturen (u. a. Chor- und Kreuzgangskapelle, Fürstenzimmer, Refektorium, Bibliothek), die sich auf damalige Großmeister aus der Wessobrunner Schule, wie Caspar Feichtmayr,

Johann Schmuzer oder Franz Schmuzer, zurückführen lassen. Leider ist der Klausurbereich normalerweise für Besucher nicht zugänglich.

Erneuerung im Glanze des Rokoko

Die Wallfahrtskirche, deren Mauern den Brand mit am besten überstanden hatten und die 1676 neu geweiht wurde, verwies ebenfalls auf das Mittelalter: Hier stand wohl wesentlich noch die spätgotische Hallenkirche von 1427, und die glorreiche Stunde unbedingter Zeitgenossenschaft sollte ihr erst einige Jahrzehnte später schlagen. Anlass dazu war das dreihundertjährige Jubiläum des Benediktinerklosters, dem der damalige Abt, Bernhard Schütz, »für dauernd ein Zeichen der Erinnerung der Nachwelt hinterlassen« wollte. Schon 1751 wurde mit den Umbauarbeiten begonnen, und unter der Regie von Hofmaurermeister Lorenz Sappel und dem »pictore optimo cognomento«, Hofmaler und Hofstukkateur Johann Baptist Zimmermann (1680–1758), entstand bis 1755 ein überwältigendes Gesamtkunstwerk, für das die oft verwendete Formel vom »Rokokokleid«, das dem älteren, gotischen Bau quasi einfach übergeworfen worden sei, viel zu kurz greift. Denn zum einen basierte Zimmermanns Kirchenraum zwar durchaus auf der bestehenden Hallenkirche, aber nicht etwa – wie die Verkleidungsmetapher nahe legen könnte – aus ökonomischen Gründen, sondern vielmehr aus solchen der bewussten Traditionspflege, bei der »neben dem eigentlichen Heiltum die Substanz der mittelalterlichen Kirche fast wie eine historische Reliquie angesehen wurde, ehrwürdig und alt«. (Hermann Bauer / Anna Bauer) Zum anderen aber hat Zimmermann, bei aller ehrerbietigen Bewahrung der materiellen und spirituellen Kernsubstanz, den Raum und die Raumwirkung dennoch so einschneidend verändert und neu definiert, dass die Rede von einer bloßen Verkleidung oder Dekoration auch in dieser Richtung vollkommen unangemessen scheint.

Ein Dreh- und Angelpunkt dieser Umdefinition – und gleichzeitig einer der wenigen wirklich tiefgreifenden, »tektonischen« Eingriffe – war die Entfernung der beiden östlichen Pfeiler im Chor, wodurch eine Art von Bühnenraum geschaffen wurde: ein Theatrum sacrum, in dem der Doppelaltar einerseits solistisch ins Rampenlicht gesetzt, andererseits, durch die Einbindung in die umlaufende Empore, harmonisch ins Gesamtensemble zurückvermittelt wird.

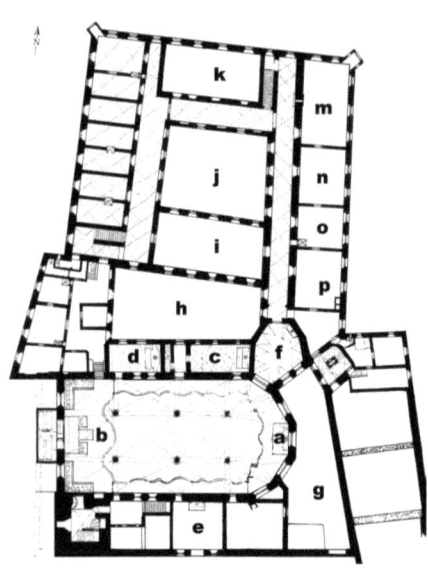

a Oberer Hochaltar
b Orgelempore
c Heilige Kapelle
d Reliquienkapelle (darunter ebenerdig: Schmerzhafte Kapelle)
e Hedwigskapelle (ehem. Vöhlin-Kapelle)
f Kreuz- oder Prälatenkapelle (darunter ebenerdig: Durchgang)
g Äußerer Hof
h Innerer Hof (Pfortenhof)
i »Alte Bibliothek«
j Kreuzgarten
k Nikolaussaal (ehem. Billardzimmer)
m Fürstensaal
n Cusanus-Zimmer (ehem. Musikzimmer)
o Graf-Berthold-Zimmer
p Herzog-Albrecht-Zimmer
(m, n, o, p: sog. Fürstenzimmer)

Galeriegeschoss der Kirche bzw. zweites Obergeschoss des Klosters (nach P. Bonifaz Kaeser OSB: »Grundt-Plan der Kloster- und Institutsgebäude zu Andechs nach ihren Stockwerken«, 1867)

Eine Empore dürfte in Andechs aber auch schon vor dem Umbau bestanden haben, als liturgische und wallfahrtstechnische Notwendigkeit. Man kennt ähnliche Emporenlösungen auch von anderen, in der ersten Hälfte des 18. Jahrhunderts (um-)gestalteten Kirchenräumen, wie etwa der Birnau am Bodensee, der Stiftskirche Polling oder – vielleicht am ehesten als direktes Vorbild für Zimmermann anzunehmen – der Asamkirche St. Johann Nepomuk in München, doch nirgends erzielt dieses Bauelement eine dermaßen frappierende, die Raumhöhe und -weite so geschickt steigernde, ja: transzendental überhöhende Wirkung wie hier. Zimmermanns originelle Führung der Galerie nötigt sogar den sonst meist recht trocken konstatierenden Autoren der »Kunstdenkmale des Königreiches Bayern« einen Ausbruch von Begeisterung ab: »Die Kirche macht einen ungewöhnlich malerischen Eindruck. Die Decoration der Pfeiler und Gewölbe ist dem Besten zuzuzählen, was die Münchner Meister jener Zeit geschaffen haben, insbesondere wirkt der umlaufende Balkon überraschend, und die Art und Weise, wie der enge gothische Chor durch Entfernung der Schlusspfeiler erweitert, desgleichen, wie der Balkon hinter dem Hochaltar vorgezogen ist, ist geradezu genial zu nennen.«

Andechser Madonnen

Der Hochaltar selber zeigt im oberen Teil – umrahmt von festlich-schwungvoller Tempelkulissenarchitektur und überspannt von einem blauen und goldenen Baldachin – eine Darstellung der Maria Immaculata von Hans Degler (Weilheim, 1609), die auf einem Wolkenkranz schwebt und in der Höhe bereits von einem puttenumspielten bärtigen Gottvater (wohl von Franz X. Schmädl) erwartet wird, der sich lässig auf die Weltkugel stützt. Rechts und links von diesem Aufbau assistieren in golden unbewegter Andacht die Ordensheiligen Benedikt und Scholastika. Im Zentrum des unteren, vorwiegend in Rotmarmor und Gold gehaltenen Altarteils steht das Gnadenbild einer spätgotischen, thronenden Madonna, die sich zwischen 1450 und 1468 datieren lässt und möglicherweise dem Münchner Schnitzer Ulrich Neunhauser, gen. Kriechbaum, zugeschrieben werden kann. Ergänzt wird auch diese Gottesmutter von zwei programmatischen Assistenzfiguren, von Johann Baptist Straub in expressiver Haltung und mit exquisitem Faltenwurf geschnitzt und zurückhaltend in Gold und Silber gefasst.

Die Maria Immaculata von Hans Degler

St. Nikolaus, der Stammpatron auf dem Heiligen Berg, und St. Elisabeth, die Heilige aus dem Hause Andechs-Meranien, repräsentieren hier Kontinuität und Spiritus loci (übrigens ist so auch das Dreifachpatrozinium der

Der Andechser Hochaltar

»Klosterkirche St. Nikolaus, Elisabeth und Maria« verbildlicht). Lokalspezifisch lassen sich auch die beiden weiß-goldenen, sehr bewegten Figuren (ca. 1753) von Franz X. Schmädl interpretieren, die, frei auf der Empore stehend, das Gesamtensemble des Altars einklammern: St. Florian, der an die Brandkatastrophe von 1669 denken lässt, und der Prager Märtyrer Johannes von Nepomuk, der gegenreformatorische Patron des Beichtsakraments, der die Pilger möglicherweise an ihre Pflichten vor dem Genuss der unerhörten Ablässe erinnern sollte.

Der Andechser Himmel

Vollends der Andechser Himmel (»Coelum Andecense«), der sich als Zimmermannsches Fresko in der Kuppel über dem Hochaltar ausbreitet, macht deutlich, wie vielschichtig und vielfach verschränkt die lokalen, dynastischen und hagiografischen Kreuz- und Querbezüge an diesem besonderen Ort verlaufen. Im Zentrum und am höchsten in den Wolken, am weitesten im Licht, steht (Christus repräsentierend) die bekrönte und bemäntelte Monstranz mit den Heiligen Drei Hostien, umflort von und durch Engel, weiters umgeben von einem aus den Wolken geschnitzten Amphitheater, in dem sich allerhand Personal mit mehr oder weniger intensiver Beziehung zum Heiligen Berg und seiner Wallfahrt versammelt hat. Ein lokalgeschichtlicher Abriss in Simultandarstellung, wenn man so will: vom legendären Begründer des Heiltumsschatzes, Graf Rasso, zum Dießener Patron St. Georg, vom Andechs-Meranischen Bischof Otto von Bamberg und Kaiser Heinrich II. (die Vermittler der Hostien nach Andechs) bis zu Gregor dem Großen und Leo IX., denen die Hostienwunder geschehen waren, St. Vitus als Patron des Pfarrdorfes Erling sowie zahlreiche weitere Heilige und Nothelfer, von denen etliche – in Form ihrer Reliquien – auch leibhaftig in Andechs anwesend sind. Ebenfalls gewissermaßen doppelt anwesend ist der Stifter der Benediktinerabtei, Herzog Albrecht III.: Realiter ruht er in der Gruft unter der Kirche, zum anderen erscheint er, zwar nicht im Andechser Heiligenhimmel, dafür aber höchst prominent und lebensnah kniend in einer illusionistischen Emporennische über dem Altarraum, in der Haltung der »Ewigen Anbetung«.

Das hoch konzentrierte und – in Bezug auf den Ort Andechs – selbstreferenzielle Bildprogramm des Presbyteriums findet sich im Gemeinderaum sinngemäß fortgesetzt. Die Nebenaltäre schmiegen sich flach an die Westseiten der vier mittleren Pfeiler, die, bei aller Massivität, weit

Deckenfresken von Johann Baptist Zimmermann

weniger tragend als schwerelos ins Gewölbe entstrebend wirken. Auf ihren gediegen schlicht geformten Altarretabeln aus rotem Marmor und golden gerahmt erscheinen vier Altargemälde, die – obschon sämtlich deutlich älter – klug in Zimmermanns narratives Raumkonzept eingefügt sind. Vorne auf der Evangelienseite der Tod des Ordensgründers und Regelvaters Benedikt von Nursia (der – nach der Lebensbeschreibung durch Gregor I. – stehend, von seinen Schülern gestützt, verstarb); auf der Epistelseite hingegen der Ortsgründer und Reliquiensammler Graf Rasso, ein knorriger, wilder Greis in schimmernder Ritterrüstung, und dahinter, klein in der verbläuenden Ferne, der Heilige Berg und das Kloster selbst (beide Gemälde vom Münchner Hofmaler Andreas Wolff 1703 signiert). Eingerahmt werden die vorderen Nebenaltäre durch je zwei Assistenzfiguren: am Benediktsaltar prominente Erzbischöfe und Gelehrte aus dem Ordo Sancti Benedicti, links Ildefons von Toledo und rechts Anselm von Canterbury; am Rassoaltar linkerhand der »Doctor Mellifluus« Bernhard von Clairvaux, in Betrachtung des Kreuzes und der Leidenswerkzeuge Christi, zu seinen Füßen eine Mitra (die Ablehnung des Bischofsstuhls in Mailand und Genua symbolisierend), rechts Hermann der Lahme (der im 11. Jahrhundert als bedeutender Gelehrter, Dichter und Komponist im Kloster Reichenau wirkte). Die vier stehen exemplarisch für benediktinische Gelehrsamkeit, aber auch für tief empfundene Marienverehrung – der Volksmund nannte sie »Die vier Kapläne der seligsten Jungfrau« – Johann Baptist Straub hat sie (vor 1755), in festlichem Weiß und Gold gefasst, mit zurückgenommener Gestik und in je für sich versunkener Andacht als starke Individuen nebeneinandergestellt.

Als ginge es darum, diese Figuren zu betonen, sind bei den hinteren Nebenaltären die entsprechenden Sockel nur mit niedrigen, rocaillenartig auswuchernden Schmuckvasen besetzt. Die Bilder dort (von Elias Greither d. J., ca. 1615) zeigen links die Taufe Jesu durch Johannes (der wegen seines asketischen Lebens von den Benediktinern traditionell als eine Art Ahnherr besonders verehrt wurde) und rechts St. Michael als Engel des Jüngsten Gerichts, der das Gute vom Bösen scheidet.

Selbstbeschreibung

Während sich die Deckenfresken der Seitenschiffe auf das Bildprogramm der Nebenaltäre beziehen, bespiegelt sich in Zimmermanns Deckenfresken im Hauptschiff der Wallfahrtsort vor allem selbst. Die Darstellung von Christi Himmelfahrt im vorderen Joch verweist auf das Hauptfest der Andechser Wallfahrt. In der daran anschließenden Darstellung einer Wunderheilung am biblischen Teich Bethesda (vgl. Joh 5,2–9) gar ist es nicht mehr Jesus, der die Heilung in Gang setzt (»Nimm dein Bett und geh!«), auch nicht der als wundertätig beleumundete Teich, sondern offensichtlich das über dem Teich schwebende Gnadenbild der Andechser Madonna, zu dem die Siechen voller Hoffnung aufblicken! Zimmermann und seine Auftraggeber betreiben hier eine energische Promulgatio (Bekanntmachung) des Gnadenortes Andechs, der als neuer Teich Bethesda heilsgeschichtlich aufgeladen wird. Unterhalb der Schmädlschen Emporenfiguren ist dazu zu lesen: »Salus Infirmorum« und »Refugium Peccatorum«, beides traditionelle Ehrentitel Mariens, die hier aber gleichzeitig als Selbstverständnis der Wallfahrtsstätte verstanden werden wollen. In analoger Weise lässt sich der in den Emporeninschriften wörtlich vorgenommene Bezug der Andechser Berglage auf die Topografie des Heiligen Landes und die Bergmetaphorik der Psalmen verstehen: »Mons dei«, »Mons sanctus«, »Mons gratus ac placens deo«, »Mons coagulatus«, »Mons pinguis«, »Requiescent in monte sancto tuo« etc.

Die Andechser Klosterkirche ist also nicht nur »ein mütterlicher Schutzmantelraum, Hohe und Niedrige vereint zu empfangen fähig und immer dabei Gemüt wahrend«, wie Norbert Lieb einmal schrieb, sondern in ihrem gesamten Bild- und Ausstattungsprogramm eine selbst- und machtbewusste Behauptung von beinahe mythischen Dimensionen. (Der Mythos, schreibt Roland Barthes, ist eine »exzessiv gerechtfertigte Aussage«.)

Sturmzeichen der Säkularisation

Doch alle Selbstverklärung und -überhöhung, alle traditionsstolze Prachtentfaltung schützte nicht vor dem gewaltigen Sturm, der keine fünfzig Jahre nach dieser feierlichen Wiedererstehung über die bayerischen Klöster hinwegfegen sollte: die sogenannte Säkularisation. An Sturmwarnungszeichen hatte es freilich nicht gefehlt: Bereits in den 1760er- und 1770er-Jahren war in Frankreich, Spanien und Portugal vielfach Kirchen- und Klostergut eingezogen worden, in Österreich hatte Kaiser Joseph II. mehr als 700 Klöster aufgehoben und deren Vermögen in einem »Religionsfond« zusammengefasst, 1773 hatte gar Papst Clemens XIV. selbst – auf weltlichen Druck seitens der Bourbonenhöfe – den Jesuitenorden aufgelöst. Der bayerische Kurfürst Karl Theodor hatte in der Folge nicht nur das eingezogene Vermögen der bayerischen Jesuiten weitgehend auf ihm gefällige Mühlen leiten können, sondern auch 1783 schon für vereinzelte Klosteraufhebungen verantwortlich gezeichnet (Osterhofen, Indersdorf, Ridlerkloster in München). Im Laufe der revolutionären Ereignisse nach 1789 war schließlich der französische Klerus komplett entmachtet und in die frisch entstehende Republik eingegliedert bzw. dieser untergeordnet worden, gemäß Mirabeaus Maxime »il faut décatholiser la France«. Ironischerweise war es wenige Jahre zuvor Mirabeau selbst gewesen, der gegen die josephinischen Klosteraufhebungen in Österreich noch grundsätzlich argumentiert hatte: »Verachten Sie die Mönche, so viel wie Sie wollen, aber berauben Sie sie nicht. Raub ist immer ein gleiches

Verbrechen, er mag an den lüderlichsten Atheisten, oder an dem bigottesten Capuciner ausgeübet werden.« Nun aber schickte sich der neue Staat durchaus zügig an, Kirchengüter einzuziehen, den ehemals so mächtigen »ersten Stand« in eine zivile Verfassung zu zwängen und zum Eid auf die Konstitution zu nötigen. »Der ganze riesige Besitz der Kirche wurde beschlagnahmt und ging in staatliche Verwaltung über; religiöse Orden, die sich weder mit Erziehung noch mit Werken der Nächstenliebe befaßten, wurden aufgelöst, die Bezahlung des Klerus wurde der Nation übertragen. (...) Doch kam noch eine weitere Neuerung hinzu: Priester und Bischöfe sollten fortan gewählt werden. Damit wurde die Grundidee der römisch-katholischen Kirche getroffen, die Idee nämlich, daß die höchste Macht beim Papst liege, die Autorität von oben nach unten gehe. Im Grunde genommen, wollte die Nationalversammlung die Kirche Frankreichs mit einem Schlag, wenn schon nicht der Lehre, so doch der Organisation nach, protestantisch machen.« (H.G. Wells) Bezeichnend dabei ist, dass – als besonders unprotestantisches Institut? – die Orden als Allererstes ins Visier der Revolutionäre geraten waren: Bereits am 28. Oktober 1789 hatte die Nationalversammlung per Dekret das Ablegen von Eintrittsgelübden verboten; jedoch nur, um bald darauf festzustellen, dass die strengen Klosterregeln mit den frisch erklärten allgemeinen Menschenrechten ganz generell unvereinbar und daher kaum weniger als ein »bürgerlicher Selbstmord« (suicide civile) seien. Am 13. Februar 1790 wurden die (Männer-)Klöster in Frankreich aufgehoben und verboten.

All diese Ereignisse warfen ihre Schatten nicht nur voraus (immerhin konnte der kurmainzische Minister Friedrich von Stadion schon 1754 prophezeien: »Die geistlichen Stifte und Länder sind Sparpfennige unserer großen weltlichen Fürsten, die sie bei der nächsten großen Gelegenheit angreifen und teilen werden«), sondern vielmehr noch hintendrein: Als Eröffnung eines Möglichkeitsraumes in den Planspielen aufgeklärter Staatsbeamter an verschiedenen deutschen Höfen, als Beleg, dass hergebrachte Herrschafts- und Besitzverhältnisse so unveränderlich nicht bleiben mussten. Einer der ehrgeizigsten und erfolgreichsten dieser Modernisierer von oben war Maximilian Joseph von Montgelas, der nach verschiedenen administrativen Tätigkeiten 1796 zum wichtigsten Berater von Max Joseph von Zweibrücken (einer Wittelsbacher Nebenlinie) wurde. Max Joseph war kurz zuvor zwar de jure Landesherr des Herzogtums

Zweibrücken geworden, saß zu diesem Zeitpunkt de facto allerdings (wegen der französischen Besetzung Zweibrückens) landlos im damals preußischen Ansbach – und wartete auf das Ableben des stammhalterlos gebliebenen bayerischen Kurfürsten Karl Theodor, weil er dann dessen Nachfolge antreten sollte. Noch im selben Jahr 1796 präsentierte Montgelas dem künftigen Kurfürsten ein umfangreiches Grundsatzprogramm für den Umbau des Kurfürstentums in ein modernes, effizient verwaltetes Staatswesen: das sogenannte »Ansbacher Mémoire«. Neben einer Neuordnung der Ministerien mit festen Aufgabenbereichen, der Schaffung eines einheitlich organisierten, gut ausgebildeten Beamtentums und der Gliederung des Staatsgebiets in Départements nach französischem Vorbild schlug das Mémoire auch schon, ebenfalls von Frankreich inspiriert, eine Reform des Kirchenwesens und insbesonders der Abteien und Klöster vor. »Die Abteien und Klöster brauchen eine Reform, die sie für die Gesellschaft nützlicher macht, als sie es in der Vergangenheit gewesen sind. Die Bettelorden sollten vollständig aufgehoben werden. Sie fallen der Gesellschaft zur Last, indem sie auf ihre Kosten leben und in ihr Unwissenheit und Aberglauben erhalten. Die anderen Ordensgemeinschaften könnten auf die Anzahl ihrer Gründungsmitglieder reduziert werden. Die verbleibenden Mitglieder würden die Verwaltung ihrer Güter in der bestehenden Form behalten, aber es wäre ihnen nur gestattet, den für ihren Unterhalt notwendigen Teil der Einkünfte zu verwenden, der sich nach einem festen Satz pro Kopf richtet. Man würde

Maximilian Joseph Graf von Montgelas

sie verpflichten, den Rest, abzüglich der Kosten für die Verwaltung, an die Kirchenkasse abzuführen, um ihn zu Gunsten des Staates zu verwenden.«

Noch aber war Karl Theodor der Herr in Bayern – und entwickelte angesichts des klammen Staatshaushaltes (wegen des ersten Koalitionskrieges gegen Frankreich, 1792–1797) eine Sanierungsstrategie, die Montgelas' Plänen nicht fernstand: Auch hier sollten die vermögenden Stifte und Klöster zur Kasse gebeten werden. Am 7. September 1798 erteilte Papst Pius VI. dem Kurfürsten die Erlaubnis, von diesen die unerhörte Summe von 15 Millionen Gulden einzuziehen – etwa das Dreifache der regulären bayerischen Staatseinnahmen. Eingefädelt hatte diesen Kuhhandel der päpstliche Nuntius in München, Graf Emidio Ziucci, hoch motiviert durch das Versprechen Karl Theodors, ihm im Erfolgsfalle seine privaten Schulden in Höhe von 300 000 Gulden zu tilgen. Dem berechtigten Protest der bayerischen Prälaten, die geforderte Summe sei angesichts der tatsächlichen Vermögensverhältnisse absurd zu hoch angesetzt und würde zum sicheren Untergang vieler Klöster führen, und obendrein sei ein derartiger Übergriff auf den ersten Stand ein Angriff auf die landständische Verfassung überhaupt, hielt der Kurfürst in einer Audienz angeblich nur diesen Satz entgegen: »Ich brauche Geld, gebt mir solches!«

Die Stunde der Diplomaten

Wenige Wochen später allerdings verstarb Karl Theodor 75-jährig in Schloss Nymphenburg, und noch am selben Tag wurden sämtliche Rechte und Privilegien der Landstände bestätigt. Am 11. März 1799 gab der nunmehr regierende Max IV. Joseph sogar eine Besitz- und Bestandsgarantie für die Prälatenklöster ab; im Gegenzug leisteten diese ein einmaliges und »freywilliges Staatsopfer« von 500 000 Gulden (dafür war immerhin die 15-Millionen-Forderung unerfüllt vom Tisch). Während der neue Kurfürst vordergründig Frieden mit den Klöstern geschlossen hatte, arbeitete die Verwaltung unter dem nunmehr zum Minister aufgestiegenen Freiherrn von Montgelas im Hintergrund jedoch emsig weiter an deren Untergang. Einzig ein kleinerer offener Übergriff, »eine neue staatliche Raubaktion« (Bauerreiss), störte den Scheinfrieden: Nach dem Einmarsch französischer Truppen in Bayern im Sommer 1800 –

und der entsprechenden Mehrbelastung der Staatskasse – erging die Order, allerorten das vorhandene Kirchensilber zu inventarisieren und das »Überflüssige« umgehend nach München zu bringen. Das Kloster Andechs büßte beim Besuch des kurfürstlichen Emissärs am 25. September 1800 20 Messkelche inklusive ihrer Patenen ein, acht silberne Blumenvasen, sechs Leuchter, fünf Paar Messkännchen und ihre Teller, fünf silberbeschlagene Messbücher, zwei kleine Silberleuchter, zwei Rauchfässer mit Schiffchen, eine Monstranz, einen silbernen Abtstab, ein Pontifikal-Lavoir, ein silbernes Tellerchen, einen Kanon mit silbernem Beschlag, ein Evangelienbuch usw. Ein erneuter Besuch eines kurfürstlichen Beamten am 11. Februar 1801 kostete den Konvent weitere sieben Messkelche mit Paten-en, sechs Silberleuchter, acht silberne Beschläge von liturgischen Büchern, drei Paar silberne Opferkännchen mit Tellerchen, einen Abtstab, ein Ciborium, ein Lavoir, einen Handleuchter, ein Rauchfass mit Schiffchen sowie acht silberne Blumenvasen – das alles ging, ohne Ansehen künstlerischer oder historischer Werte, nach München zur »Vermünzung«, d. h. Einschmelzung. Dass wenigstens die berühmte Dreihostienmonstranz dabei in Andechs verblieb und der Rest später großteils zurückgekauft werden konnte, war ein geringer Trost, und nicht einmal dieser währte lang.

Der zweite Koalitionskrieg endete am 3. Dezember 1800 bei Hohenlinden (Landkreis Ebersberg) mit der desaströsen Niederlage der österreichischen Truppen und ihrer bayerischen Hilfstruppen gegen die französische Rheinarmee; am 9. Februar 1801 schlossen Frankreich und Österreich den Frieden von Lunéville. Darin wurde für das deutsche Reich in Artikel 7 auch die endgültige Abtretung des linken Rheinufers an Frankreich festgelegt – entschädigt werden sollten die betroffenen weltlichen Fürsten durch umfangreiche Um- und Neuverteilungen rechtsrheinischer (vor allem geistlicher) Territorien. Hierbei konnte sich Bayern berechtigterweise größte Hoffnungen machen, nachdem es sich mit dem bayerisch-französischen Vertrag von Paris auf die Seite Frankreichs und seines ersten Konsuls Bonaparte geschlagen hatte, welcher seine Dankbarkeit mit der Zusicherung vollständiger Entschädigung für Bayerns Verluste bewies. Mit der genauen Regelung und Verteilung der Entschädigungen wurde die Reichsdeputation (ein reichsständischer Ausschuss) betraut, die am 24. August 1802 in Regensburg zusammentrat, dabei im Wesentlichen aber an die Abmachung eines bereits gefassten französisch-russischen Entschädigungsplanes gebunden war. Nun schlug die Stunde der Diplomaten. Innerhalb der Reichsdeputation, bei den russischen und französischen Gesandten in Regensburg, in St. Petersburg und in Paris, wurde seitens der verschiedenen deutschen Staaten antechambriert und intrigiert, verhandelt und vor allem geschmiert, was das Zeug hielt, um eine für die eigenen Interessen möglichst günstige Formulierung der Beschlüsse zu erwirken. So soll alleine Bayern eine volle Million Gulden an Bestechungsgeldern investiert haben, ganz abgesehen von unzähligen »Naturalien«, in Form etwa von kostbaren Tabatièren oder anderen Schmuckstücken. Diese Investitionen sollten sich jedoch mehr als lohnen, denn im »Hauptschluß der außerordentlichen Reichsdeputation« vom 25. Februar 1803 wurde Bayern bei der »Austheilung und endlichen Bestimmung der Entschädigungen« überaus reichlich bedacht. Nach §2 des Reichsdeputationshauptschlusses stand dem »Kurfürsten von Pfalz-Baiern« Folgendes zu: »das Bisthum Wirzburg (...); die Bisthümer Bamberg, Freisingen, Augsburg, und das von Passau (...) nebst der Stadt Passau, derselben Vorstädten, und allen und jeden Zugehörden diesseits des Inn und der Ilz, und überdieß noch einen von ihren äußersten Enden an zu nehmenden Bezirk von 500 franz. Toisen [1 Toise entsprach ca. 1,949 Meter] im Durchschnitt. Ferner: die Probstey Kempten, die Abteyen Waldsassen, Eberach, Irrsee, Wengen, Söflingen, Elchingen, Ursberg, Roggenburg, Wettenhausen, Ottobeurn, Kaisersheim und St. Ulrich; überdieß die geistlichen Rechte, eigenthümlichen Besitzungen und Einkünfte, welche von den in der Stadt und Markung Augsburg gelegenen Kapiteln, Abteien und Klöstern abhängen, mit Ausnahme jedoch alles dessen, was in besagter Stadt und derselben Markung selbst begriffen ist. Endlich die Reichsstädte und Reichsdörfer: Rothenburg, Weissenburg, Windsheim, Schweinfurt, Gochsheim, Sennfeld, Kempten, Kaufbeuren, Memmingen, Dinkelsbühl, Nördlingen, Ulm, Bopfingen, Buchhorn, Wangen, Leutkirch und Ravensburg, nebst ihren Gebieten mit Einschlusse der freien Leute auf der Leutkircher Haide. Der Kurfürst von Pfalzbaiern erhält überdieß (...) Theile von Eichstädt.« Die Aufzählung lässt erahnen, wie dramatisch sich die Landkarte des Heiligen Römischen Reiches Deutscher Nation im Zuge von dessen Selbstliquidation veränderte und welche ungewohnte Übersichtlichkeit dieser »gewaltige Länderschacher« (Friedrich Prinz) hervorbrachte: Von mehr als 300 politischen Einheiten im alten Reich blieben schließlich kaum über 30; Bayern gewann schon beinahe seine heute bekannte Gestalt, ganz im Sinne von Montgelas' Vorstellungen eines modernen, mächtigen und territorial abgerundeten Staates. Für 200 linksrheinisch verlorene Quadratmeilen mit 730 000 Untertanen entschädigten immerhin 288 Quadratmeilen mit 843 000 Einwohnern.

Chronik eines angekündigten Untergangs

Ein entscheidender Punkt von Montgelas' Plänen, nämlich die Aufhebung sämtlicher Klöster, war in diesem Abschnitt des Reichsdeputationshauptschlusses freilich noch nicht geklärt, jedoch hatte der bayerische Gesandte in einer Audienz beim französischen Außenminister Talleyrand noch in allerletzter Minute (am 15. Januar 1803) eine entscheidende Änderung durchsetzen können, nämlich in §35. Dort hieß es in der abschließend gültigen Version nun nämlich: »Alle Güter der fundierten Stifter, Abteyen und Klöster, in den alten sowohl als in den neuen Besitzungen, Katholischer sowohl als A. C. [Augsburger Confession] Verwandten, mittelbarer sowohl als unmittelbarer, deren Verwendung in den vorhergehenden Anordnungen nicht förmlich festgesetzt worden ist, werden der freien und vollen Disposition der respectiven Landesherrn, sowohl zum Behuf des Aufwandes für Gottesdienst, Unterrichts- und andere gemeinnützige Anstalten, als zur Erleichterung ihrer Finanzen überlassen (...).« Für Bayern bedeutsam war vor allem der Passus »in den alten sowohl als in den neuen Besitzungen«: Das bedeutete nichts weniger, als dass die Verfügungsgewalt sich nicht nur auf die neu erworbenen Gebiete beziehen sollte, sondern genauso auf den bisherigen Herrschaftsbereich, also auch auf jene Klöster und Stifte, die bislang durch die landständische Verfassung geschützt gewesen waren. Zum anderen dürfte man in der kurfürstlichen Verwaltung gejubelt haben über den Freibrief »zur Erleichterung ihrer Finanzen« – jegliche Verpflichtung zur Übernahme der seelsorgerischen, karitativen oder Bildungsaufgaben, die die Klöster innegehabt hatten, durch den Staat war damit zu einer unverbindlichen Kann-Bestimmung degradiert und blanke Habgier zu einem legitimen Motiv erklärt. Der bayerische Staat durfte sich also mit Billigung von allerhöchster Instanz an die Plünderung machen.

König Max I. Joseph (bis 1806 Kurfürst Max IV. Joseph)

Diejenigen Klöster, die ohnehin keinen verfassungsmäßigen Schutz genossen hatten (vor allem die Bettelordensklöster), waren zu diesem Zeitpunkt bereits aufgelöst und einkassiert. Entsprechende Überlegungen und Beratungen hatte es beinahe seit Max Josephs Amtsantritt gegeben, und im Mai 1801 war auf kurfürstlichen Befehl ein Verbot der Novizenaufnahme erteilt worden, während eine Kommission einen Überblick über die Besitzverhältnisse der Klöster erarbeiten sollte – und darüber, welchen Nutzen der Staat wohl daraus ziehen könnte. Im November 1801 hatte der Kurfürst schließlich die sofortige Einziehung der nichtständischen Klöster befohlen, und die am 25. Januar 1802 eingesetzte »Churfürstl. in Kloster-Sachen gnädigst angeordnete Special-Commission« hatte den Befehl zügig und mit aller Härte umgesetzt. Von der Kommission beauftragte Lokalkommissare hatten zunächst den Bestand an Vermögen, Mobilien und Immobilien des jeweiligen Klosters zu registrieren gehabt, ebenso den aktuellen Personalstand; dann waren die Mönche oder Nonnen buchstäblich bei Nacht und Nebel – gewöhnlich zwischen drei und vier Uhr des Morgens – abtransportiert und in sogenannte Zentral- oder Aussterbeklöster verbracht worden, nicht-bayerische Ordensangehörige wurden ohne jegliche weitere Ansprüche mit einem »Zehrpfennig« aus dem Land verwiesen; schließlich hatte man Mobiliar, liturgische Geräte, Kunstschätze usw. mehr oder weniger zum Materialwert versteigert, ebenso die Gebäude: seltener als ganzes, häufiger, nach Abriss, als Baumaterial. In Münchens Innenstadt etwa, neben der Residenz, wurde an der Stelle, wo lange das Franziskanerkloster mit seiner Kirche gestanden hatte, ein großzügiger freier Platz angelegt, dem man sinnigerweise, nach dem Verantwortlichen für alle diese Enteignungen, den Namen »Max-Joseph-Platz« gab. Es ist beinahe tröstlich, dass dieser Platz zur Strafe nun schon seit Jahrzehnten wie eine pompös dekorierte Garageneinfahrt anmutet.

Angesichts der vollkommenen Scham- und Gnadenlosigkeit dieser Aufhebungen dürfte aufmerksamen Zeitgenossen auch in den landsässigen Klöstern gedämmert sein, dass auf die kurfürstliche Bestandsgarantie im Ernstfalle wenig zu geben war, ebenso wie man sich auf den Erhalt der alten landständischen Verfassung des Landes Bayern langfristig wohl kaum verlassen konnte. (In Andechs etwa kam die Infamie nicht nur als Nachricht in Wort und Schrift, sondern auch sehr konkret in Gestalt eines heimatlos gewordenen Franziskaner-Laienbruders an, den der Konvent im Sommer 1802 aufnehmen musste). Die Befürchtungen sollten sich rasch bestätigen: Noch während die Reichsdeputation in Regensburg tagte, begannen im November staatliche Kommissionen mit der Inventarisierung sämtlichen Klosterbesitzes, und ihre Beauftragten übernahmen praktisch die Verwaltung der Klöster. Die Einsprüche der Landschaftsverordnung verhallten ebenso ungehört wie die an die Regierung gerichteten Denkschriften des Prälatenstandes, in welchen die Wortführer, die Äbte von Prüfening und Benediktbeuern, juristische Argumente ebenso vorbrachten wie stichhaltige volkswirtschaftliche, fiskalische und bildungspolitische Zweifel am Nutzen der Säkularisationspläne für den Staat selbst. Vergebens: Die einzige Wirkung, die diese Einwände zeitigten, waren massive Repressalien und Schikanen gegen die wortführenden Äbte persönlich. Und also begann das Jahr, »welches den Klöstern in Baiern den Garaus machte« (wie der Andechser Pater Placidus Scharl, 1731–1814, in seiner Autobiografie formulierte), bereits lange vor dem berühmten Datum des Reichsdeputationshauptschlusses, an welchem die in Bayern bereits geschaffenen Fakten lediglich noch von höchster Stelle abgesegnet werden sollten.

Auflösungserscheinungen

Die Entsendung des zuständigen örtlichen Vollstreckers nach Andechs fand – wieder einmal – bei Nacht und Nebel statt: In der Nacht vom dritten auf den vierten November 1802, um vier Uhr morgens, wurde dem Starnberger Landkommissär, Regierungsrat Marcus Joseph Baron von Göhl, die Ordre erteilt, sich unverzüglich nach Andechs zu begeben, zur »Verhinderung aller Veräußerungen und Versplitterung des Kloster-Vermögens«. Selben Tags konnte er dort schon den Klosterrichter von seinem Eid auf das Kloster entbinden und neu auf den Kurfürsten einschwören, am folgenden Tag beschlagnahmte er einige wertvolle Ornate, um sie umgehend nach München zu schicken; sodann machte er sich an die Inventarisierung des Klosters, versiegelte gleich die Barschaft und Korrespondenz des Abtes, die Bibliothek und andere Räume, in denen er Wertvolles fand oder vermutete, und legte am 5. Dezember der Generallandesdirektion in München einen ausführlichen Bericht über den Besitzstand und die wirtschaftliche Lage des Klosters vor. Auf den ersten Blick schienen die Begehrlichkeiten des Staates gerechtfertigt, angesichts eines Gesamtbesitzes im geschätzten Wert von 435 386 Gulden. Damit gehörte Andechs global gesehen zwar nur zu den mittleren klösterlichen Großbesitzungen in Bayern, aus heutiger Sicht ist die Bestandsaufnahme dennoch überaus eindrucksvoll: acht gewerbliche Betriebe (Brauerei, Apotheke, Schlosserei, zwei Mühlen, Schmiede sowie Fischerei und Wirtshaus in Stegen am Ammersee), der Gebäudebestand des Klosters selbst, das Schloss bzw. Schlösschen Mühlfeld (Herrsching) sowie das sogenannte »Grufthaus« in München, fünf Zehentstadl, dazu die drei Weingüter in Südtirol, die Propstei Paring (bei Regensburg) und fünf weitere landwirtschaftliche Großbetriebe (der Klostermayerhof sowie die Schwaigen Kerschlach, Hochschloß, Rothenfeld und Gauting), fünf Fischteiche und ein Forstbesitz von insgesamt 764 Hektar, schließlich Hofmarksrechte in Erling, Stegen und Utting. (Die Gesamtheit dieser Besitzungen und Unternehmungen bot mehr als 70 Personen direkt eine vollgültige Existenzgrundlage – ganz abgesehen natürlich von den 26 Mönchen, einem Novizen und zwei Laienbrüdern –, dazu kam noch eine erheblich größere Zahl von indirekt oder teilweise von Andechs abhängigen »Arbeitsplätzen« im Umfeld des Klosters und in dessen Hofmarken.) Doch trotz all seiner Reichtümer klaffte in der Bilanz des Klosters zum Zeitpunkt von Göhls Besuch eine Liquiditätslücke in Höhe einer halben Jahreseinnahme. Vor allem bei Brauereizulieferern standen erhebliche Rechnungen offen, aufgrund einer »kriegsbedingten, aber auch selbst herbeigeführten Illiquidität, da Andechs ein sehr umfangreiches und aufwändiges Hilfsprogramm für seine Untertanen zur Linderung der Kriegsschäden durchgeführt hatte, und dabei selbst in Zahlungsschwierigkeiten geraten war«. (Stutzer)

Dieser finanziellen Sorge wenigstens sollten die Konventualen bald enthoben sein (für die klösterlichen Untertanen sollten unter staatlicher Obhut freilich weniger schöne Zeiten anbrechen, als die kurfürstliche Verwaltung die sofortige Rückzahlung aller gewährten Kredite verlangte), denn nach dem favorablen Reichsdeputationshauptschluss dauerte es nicht mehr lange, bis der Staat zur endgültigen Exekution schritt – wohl nur die Zeit, die es benötigte, die Aufhebungsinstruktionen für die Klöster zu vervielfältigen, es sollte im neuen Bayern schließlich alles seine Ordnung und sein Protokoll haben. Am 16. März 1803 erhielt der Baron von Göhl seinen Marschbefehl (das Wort »unverzüglich« ist darin zweimal unterstrichen) und verlas am 17. März 1803 im großen Gästezimmer des Klosters vor Abt Gregor Rauch (1749–1812) und den 28 anderen Konventualen das sogenannte »Subpressions-Instrument«, nach welchem Andechs aufgehoben sei und als Entschädigung für linksrheinische Verluste in den Besitz des bayerischen Hofes übergehe etc.; für das Kloster wurde die »volle Auflösung« verkündet. Laut Protokoll äußerten »samentlich Vorgenannte« hierauf, »daß sie all demjenigen jederzeit mit schuldigster Ehrfurcht nachzukommen bereitet seyen, was immer hinsichtlich ihrer gnädigst verfügt wird«. Es blieb ihnen kaum anderes übrig: Sie waren seit Göhls erstem Besuch ja ohnehin nicht mehr Herren im eigenen Haus gewesen.

Der Zeitpunkt der Verkündung war jedenfalls mit treffsicherer Grausamkeit gewählt, quasi zum Vorabend des Benediktsfestes am 21. März. Auch der Stichtag, an dem das allgemeine Aufhebungsedikt für die landständischen Klöster in Bayern in Kraft trat, war nicht ohne Sarkasmus gewählt, wie selbst Johann Christoph von Aretin (1773–1824), Mitglied der Baierischen Akademie der Wissenschaften, Custos der Hofbibliothek und Mitglied der »Commission zur Durchforschung der säcularisirten Klöster«, bemerkte: »Witzlinge mögen sich darüber lustig machen, daß die Klostergeistlichen eben den ersten April, der durch einen besonderen Zufall diesmal zugleich der schmerzhafte Freitag war, als den Tag ihrer Auflösung ansehen müssen.« Aretin freilich hatte dabei viel größere historische Dimensionen im Auge: »Zwischen gestern und heute stand eine Kluft von tausend Jahren: Heute ist der Riesenschritt über diese unermeßliche Kluft gewagt. Von heute an datiert sich eine Epoche der bayerischen Geschichte, so wichtig, als in derselben bisher noch keine zu finden war. Von heute an wird die sittliche, geistige und physische Kultur des Landes eine ganz veränderte Gestalt gewinnen. Nach tausend Jahren noch wird man die Folgen dieses Schrittes empfinden. Die philosophischen

Geschichtsschreiber werden von Auflösung der Klöster, wie sie es von der Aufhebung des Faustrechts taten, eine neue Zeitrechnung anfangen, und man wird sich dann den Ruinen der Abteien ungefähr mit eben dem gemischten Gefühle nähern, mit welchem wir jetzt die Trümmer der alten Raubschlösser betrachten.« Muss man ein besonders malevolenter Witzling sein, um angesichts dieser Analogie an die Arbeit der verschiedenen staatlichen Aufhebungskommissionen selber zu denken? Nach Adelungs »Grammatischkritischem Wörterbuch der Hochdeutschen Mundart« von 1798 ist ein Raubschloss »ein Schloß, welches zur Beraubung (...) gemißbraucht wird« und dessen Besitzer »sich des Raubes im härtesten Verstande schuldig machen«.

Staatsvandalismus und ein enthaupteter Herzog

Unmittelbar nach dem Fest des Heiligen Benedikt begannen in Andechs auch schon die handgreiflichen Requirierungen »im härtesten Verstande« – oder sollte man besser sagen: Plünderungen? Inventarisiert hatte man die Aktiva und Passiva des Klosters und seiner Ökonomie ja bereits, jetzt wurde eingepackt und das nicht eben zimperlich. Die Grobheit und Respektlosigkeit, mit der Baron von Göhl dabei vorging, mag ohnehin seiner Denkungsart entsprochen haben, doch handelte er auch nach allerhöchster Instruktion, die an praktischen Ratschlägen nicht sparte: »Man soll bei den Gefäßen etc. besonders auf die Edelsteine achten, sie herausbrechen und Kirchengefäße aus Gründen leichteren Transportes platt treten.« Ob goldene und silberne Dekorationsstücke und liturgisches Gerät, ob später Glocken (die zum Teil kurzerhand vom Turm hinuntergeworfen wurden) und Dachrinnen, alles, was einen gewissen Materialwert versprach, wurde zum Einschmelzen nach München gebracht – ohne Ansehen möglicher künstlerischer oder religiöser Bedeutung. Auch die Fassungen der Reliquien, zum Teil diese selbst, die Edelsteine, die das Gnadenbild schmückten, wurden abgezogen. Das »Elisabethenkircherl« gegenüber der Wallfahrtskirche, 1725 erbaut und immerhin von Matthäus Günter (1705–1788) ausgestattet, wurde später komplett abgerissen. Die über die Klostergebäude verteilten Gemälde immerhin wurden sachkundiger selektiert: Der »abgeordnete Galleriedirektor« Johann Georg von Dillis (1759–1841) – selbst ein ehemaliger Priester – suchte vor Ort die besten Stücke für die Münchner Sammlungen aus. Auch die naturwissenschaftlichen Sammlungen, Instrumente und Modelle wurden eingezogen, ebenso die Musikaliensammlung; und schließlich die Bibliothek. Im Mai 1803 erschien der bereits erwähnte Johann Christoph Aretin in Andechs, unterwegs mit dem »Auftrag, alle bayerischen Abteien zu bereisen, die Bibliotheken derselben zu durchsuchen, und die brauchbaren Bücher daraus für die hiesige Hof- und Nationalbibliothek auszuwählen«. Aretin traf, vom Augustiner-Chorherrenstift Dießen herkommend, um Christi Himmelfahrt in Andechs ein, also zu Beginn der Wallfahrtshochsaison. In seinen Aufzeichnungen zeigt er sich zwar beeindruckt von dem (optischen) Telegrafiesystem, mit dem seine Ankunft von Dießen nach Andechs vorausgemeldet worden war, über die Wallfahrt selbst äußert er sich jedoch ebenso beiläufig wie abfällig. Über das Kloster und die Wallfahrtskirche verliert er kein Wort, und ihrem Schöpfer Johann Baptist Zimmermann blieb damit vielleicht ein ähnlich ignorantes Urteil erspart, wie es Aretin wenige Tage vorher über einen Bau von dessen Bruder Dominicus gefällt hatte: »Auch zu diesem Kloster [Steingaden] gehört eine Wallfahrt, nämlich der Herr Gott in der Wiese. Die vorigen Prälaten haben, neben ihren andern überflüssigen Ausgaben, eine Summe von mehr als 150.000 fl., sage hundert und fünfzigtausend Gulden auf ein hier aufgeführtes, ganz unnützes Gebäude verwendet.« Gemeint war die Wieskirche.

Aretin konnte in Andechs eine ganze Reihe von kostbaren und seltenen Handschriften und frühen Drucken einsammeln (unter anderem ein Exemplar der ersten Gutenberg-Bibel), die dann unter miserablen Bedingungen, schlecht verpackt und im Regen, nach München

Johann Christoph von Aretin (1773–1824), Gemälde von unbekannter Hand, 1806

gekarrt wurden. Kommissar von Göhl, dem der wählerische Aretin wohl zu zimperlich erschien, ließ anschließend noch eine Liste der übrigen Bücher erstellen und nach München schicken, anhand derer später noch einiges nachgeordert wurde. Das meiste Übrige kaufte der Münchener Papiermüller Kaut zur Herstellung von Pappendeckeln, wohl zum seinerzeit üblichen Preis von 50 Kreuzern je Zentner – mit zwanzig Pfund Rabatt bei jedem Zentner.

Nicht nur in dieser Angelegenheit war von Göhl ein sehr gründlicher Mann. Am 17. Juli des Jahres ließ er sogar die Stiftergruft in der Klosterkirche aufbrechen und leichenfledderte die Särge Albrechts III. und seiner Familie, »mit einer brennenden Tabakspfeife im Munde«, wie der Augenzeuge P. Coelestin Ostermann vermerkt. »Alle Särge wurden aufgebrochen, durchsucht, vielmehr durchwühlt, daß kein Brett am andern und an den Leichnamen kein Bein mehr am andern hängt, sondern ein wahrer Gräuel der Verwüstung daselbst sich befindet.« Beim Versuch, eine Kette mit einem Goldstück von der Leiche des Stifters zu lösen, ging man gleich so heftig zu Werke, daß man den armen Herzog versehentlich dekapitierte – das alles, wohlgemerkt, im Namen und im Auftrag von dessen Nachkommen. Ob der Baron bei derlei Aktionen immer auch auf Rechnung der Wittelsbacher handelte, ist im Nachhinein schwer zu sagen, aber so oder so möchte man in diesem Fall durchaus dem Verdikt des benediktinischen Kirchenhistorikers Romuald Bauerreiss zustimmen, die Lokalkommissäre seien ein besonders »übles Geschlecht« gewesen, an deren Lauterkeit und Ehrlichkeit durchaus gezweifelt werden dürfe, allein wegen der üppigen Gebühren, die diese für ihre Mühewaltung vom Hof forderten. Mit stattlichen 3175 Gulden, die er für die Abwicklung des Klosters Andechs erfolgreich in Rechnung stellte, liegt von Göhl dabei vor beinah allen seinen Kollegen.

Versuch einer Bilanz

Gelohnt hat es sich nicht; zumindest nicht so, wie es sich Max Joseph, Montgelas und die Ihren versprochen hatten, als unmittelbare finanzielle Sanierung des Staates (und es hatte auch in höchsten Kreisen nicht an besonnenen und klug rechnenden Köpfen gefehlt, die genau dies vorausgesagt hatten). So standen den Einnahmen auch erhebliche neue Verpflichtungen des Staates gegenüber, etwa für übernommene Schulden der Klöster oder die Pensionen der ehemaligen Klostergeistlichen; die Vermögen der Klöster hingegen, die auf Wiener Banken deponiert waren, wurden vom österreichischen Staat eingezogen. Dazu kamen die Kosten für den nötig gewordenen Aufbau eines umfassenden Pfarrsystems und einer geregelten Priesterausbildung in Seminaren. Selbst die Verkäufe oder Versteigerungen der Klöster (Gebäude, Gewerbebetriebe, Inventare usw.) brachten bei Weitem nicht die Erlöse, die man sich erhofft hatte, aufgrund des selbst erzeugten Überangebots an ähnlichen Objekten. Auf lange Sicht zumindest profitierte der Staat allerdings von der Übernahme und Bewirtschaftung der ehemaligen Klosterwaldungen, die etwa ein Drittel der heutigen Staatsforste ausmachen. Und gar nicht zu beziffern sind die immensen Werte, die der bayerische Staat in Form von Kunstschätzen, Handschriften und Drucken aus den Klöstern an sich gebracht hat. Hier aber ist schon auf die negative Seite der Bilanz zu verweisen, denn ähnlich unabschätzbar ist der Wert der Kunstschätze und Kulturzeugnisse, die durch jene Mischung aus Ignoranz und Gehässigkeit, kurzsichtiger Gier, Grobheit und Eile, mit der die bayerische Säkularisation ins Werk gesetzt wurde, unter die Räder kamen: zerstört, verloren, verramscht. Zerstört wurde auch ein Teil des intakten Sozialgefüges des alten Bayern, denn die Klöster waren nicht selten vorbildliche Großökonomien gewesen, mit zahlreichen Arbeitnehmern, Dienstleistern und Zulieferern, für die sie (in Vorwegnahme sozialstaatlicher Leistungen späterer Zeiten) ein erhebliches Maß an Stabilität und Absicherung gewährleisteten. Den Wegfall der Klöster als Auftraggeber und Wirtschaftsmotor im ländlichen Raum mag man insbesondere im Hinblick auf die in ihrem Umfeld gewachsene Tradition von besonderem kunsthandwerklichem und künstlerischem Wissen und Können bedauern, die zum Teil von regelrechten Dynastien getragen worden war und die nun abrupt abriss. Der ländliche Raum verödete nicht nur wirtschaftlich, sondern auch kulturell. Die Klosterschulen waren in ländlichen Gebieten die einzige Möglichkeit höherer Bildung gewesen, und nach der Aufhebung entstand in den katholischen Gebieten Bayerns ein allgemeines Bildungsdefizit, das bis ins 20. Jahrhundert hinein spürbar blieb. Und schließlich waren die Klöster Zentren von Bildung, Forschung, Gelehrsamkeit, Kunst- und Musikpflege gewesen, über die gesamte Fläche Altbayerns verteilte Landmarken einer historisch gewachsenen Kulturlandschaft. Nach 1803 konzentrierte sich das kulturelle Leben auf wenige größere Städte. Die Provinz aber war endlich provinziell geworden. Bei alldem kann man zwar nicht außer Acht lassen, dass die Einziehung der geistlichen Herrschaftsgebiete ein entscheidender Schritt auf dem Weg zum modernen bayerischen Staat war, wird aber dennoch fragen dürfen, ob eine weniger radikale Umsetzung für die weitere Geschichte Bayerns nicht vorteilhafter gewesen wäre.

Ein Ausverkauf, ein Neubeginn

Schon im Juni 1804 veräußerte die bayerische Regierung das ehemalige Kloster – die Klosterwälder, die Apotheke und die Wallfahrtskirche ausgenommen. Für bescheidene 25 000 Gulden erwarb der böhmische Tuchfabrikant Johann Luccas sämtliche restlichen Gebäude, inklusive der Brauerei, der Bäckerei und der Ökonomie mit allem zugehörigen Grund, musste sie aber schon 1805 wieder verkaufen – für 26 000 Gulden und ausgerechnet an Johann Christoph von Aretin. Dieser betrachtete das Kloster anscheinend eher als Spekulationsobjekt: Ohne je dort gewohnt zu haben, verkaufte er Andechs schon 1806 wieder weiter – für 42 000 Gulden, also mit beachtlichen 60 Prozent Gewinn innerhalb eines Jahres. Weniger glücklich war der Käufer: Joseph von Herr, ehemaliger Landrichter von Untergünzburg, starb im November 1810 unter ungeklärten Umständen und hoch verschuldet.

1806 / 1807 löste sich auch die klösterliche Gemeinschaft, die 1803 offiziell aufgelöst worden war, endlich faktisch auf. Die Konventualen, die bis dahin noch als zahlende Mieter in den Gebäuden ihres ehemaligen Klosters weiter zusammengelebt hatten, erklärten einer nach dem anderen ihren Austritt, schon allein, um sich gegenüber dem Staat in den Stand eigentumsfähiger Privatpersonen zu setzen. Die Wallfahrt hingegen bestand erstaunlicherweise während all der Umwälzungen und Besitzerwechsel zunächst noch fort. Dass dies geduldet war, mag damit zusammenhängen, dass der Staat als Rechtsnachfolger des Klosters (und Besitzer der Wallfahrtskirche) nicht schlecht daran verdiente: Die Spenden und die Einnahmen aus dem Verkauf von Votivkerzen, Büchern, Devotionalien usw. erbrachten während der Wallfahrtsaison 1803 einen Reingewinn von fast 1000 Gulden. Darüber hinaus hatte der Staat schnell erkannt, dass die Wallfahrt auch entscheidenden Einfluss auf die Umsätze und den Verkaufswert der Brauerei und des Gasthofs hatte und schon um derentwillen erhalten werden sollte: »Die Klosterkirche, ein hübsches, nicht baufälliges Gebäude, muß, so lange die dermalige Volksstimmung dauert, oder wenigst so lange, als das hiesiges Bräuhaus nicht verkauft ist, mit Sorgfalt erhalten werden.«

Andechs sollte noch zweimal den Besitzer wechseln, bevor es am 11. März 1846 von König Ludwig I. aus privaten Mitteln für 65 000 Gulden erworben wurde. Ludwig löste auch die mittlerweile verpachtete Brauerei und Ökonomie ab (um 11 400 Gulden) und stiftete alles zusammen 1850 der von ihm gegründeten Benediktinerabtei St. Bonifaz in München als Versorgungsgut zu. Aufgebaut wurden sowohl St. Bonifaz als auch Andechs vom Benediktinerkloster Metten aus. Eine bemerkenswerte Kontinuität ist dabei, dass der erste Prior des 1830 (als erstes der bayerischen Benediktinerklöster) wiederbegründeten Metten ein ehemaliger Andechser Konventuale war: P. Ildefons Neubauer (1768–1844). Im Hinblick auf die Vergangenheit sehr sprechend liest sich ein nachträglich der Andechser Stiftungsurkunde beigefügter Zusatz, in dem vorsichtshalber verfügt wird, »daß im Falle die Ungunst der Zeiten die Abtei unterdrücken sollte, das Gut Andechs sammt Zugehörungen, Schiff und Geschirr an die Allerhöchst Dieselben oder Allerhöchst Ihre Erben, ohne allenfallsige Meliorisationskosten in Anschlag zur bringen, zurückzugeben sei«.

Benediktinerabtei St. Bonifaz in München

König Ludwig I.

Der »zweite Gründer« von Andechs war bekanntermaßen nicht nur ein großer Klosterrestaurator und Bewahrer bayerischer Traditionen, sondern auch ein ebenso begeisterter wie naiver Verehrer Griechenlands, des antiken ebenso wie des aktuellen – was sich in allerhand klassizistischen Bauten und sogar einem Sohn (Otto) auf dem griechischen Königsthron (1832–1862) niederschlug. In seinem (postum erschienenen) satirischen Romanfragment über das ludovicianische Bayern, »Das Erwachen«, bringt Josef Ruederer (1861–1915) alle diese Aspekte in ein schönes Gesamtbild, wenn er den Schützengesellschaftsgeneralpräsidenten ein griechisch geprägtes Idealbayern unter »Lodovikos I.« beschwören lässt: »Bayern, so hab' ich uns alle genannt, jetzt aber möchte ich uns einen noch höheren Ehrentitel verleihen, der hinausgeht über die weißblauen Grenzpfähle. Bavaresen, so sollen wir heißen von heute an. Denn in dieser unzerreißbaren Verschmiedung zweier großer Begriffe liegt das Unerhörte, was wir anstreben; in ihr liegt das Gemeinsame, das diese beiden Völker in ewiger Freiheit verbindet. Wie der heilige Berg Andechs vom Ammersee, den wir oft siegreich aus dem Nebel steigen sahen, wenn wir wallfahrend zu ihm hinanzogen, dem Berge Athos zu vergleichen ist, der den Göttern heilig war und dem Agäischen Meere entwächst, wie unser Oktoberfest den Olympischen Spielen würdig sich anreiht, so ist griechische, biedere Art mit der unseres Volkes zu vergleichen.«

Trotz seiner nunmehr untergeordneten Rolle florierte Andechs schon bald wieder in bester benediktinischer Tradition, die Wallfahrt restituierte sich rasch und ebenso die Brauerei: Wurden Anfang der 1850er-Jahre noch etwa 950 Hektoliter Malz versotten, waren es 1875 bereits 2300. 1871 wurde das Bräuhaus komplett umgebaut und auf Maschinenbetrieb umgestellt, 1894 schon wieder erneuert. 1895 lag der Jahresausstoß an Bier bei beachtlichen 6000 Hektolitern – die damals noch weitgehend vor Ort getrunken wurden. Betrachtet man die Besucherzahlen des Klosters in jener Zeit, dann werden selbst solche pantagruelischen Trinkleistungen plausibel. An dem festlichen Triduum etwa, mit dem das Kloster 1888 das fünfhundertjährige Jubiläum der Schatzfindung beging, nahmen in nur drei Tagen 20 000 Gläubige teil.

Glaube, Bier, Empörung

Dass an Wallfahrtsorten geistliche und kulinarisch-alkoholische Besuchsinteressen oftmals ununterscheidbar nah beieinander liegen, wird heute gemeinhin als liebenswertes Regionalspezifikum hingenommen – oder wie es der ehemalige Andechser Cellerar Anselm Bilgri einmal verklausulierte: »Das Geklapper [der Bierkrüge] spannt zusammen mit den Gottesdiensten, der Kunst und Musik des Heiligen Berges einen durch die Jahrhunderte gewachsenen Bogen, der bayerische Kultur und Lebensart bedeutet.« Den ewigen Aufklärern und vermeintlich Aufgeklärten, den Volkspädagogen, dem städtischen Bürgertum, den Fortschrittsgläubigen und den Freigeistern des 19. Jahrhunderts aber musste das Beharren breiter Kreise auf einer derart vormodernen, unvernünftigen und sinnlich-pragmatischen Frömmigkeitspraxis mindestens verdächtig erscheinen – mitten in einer zunehmend durchrationalisierten und ökonomisierten »entzauberten Welt« (Max Weber). Ein schönes Beispiel für dieses aggressive Unverständnis bietet Oskar Panizzas 1894 erschienenes »oberbairisches Sittenbild«, eine ausführliche Reportage über »Die Wallfahrt nach Andechs«, in der er mit rationalistisch-antiklerikalem Furor das Irrationale und Überflüssige der Veranstaltung seziert und dem erstaunten Leser sogar, gut kameralistisch, den damit verbundenen Kapitalabfluss aufrechnet: »Man rechne nur minimum auf jede Gemeinde 300 Köpfe – aus München und Augsburg kommen Tausende; aus den Landgemeinden gehen fast 70 % mit – und rechne auf den Kopf an Ausgaben für Opferstock, Heiligenbilder, Rosenkränze, heilige Schnitzereien, Drucksachen sowie für Speise und Getränke nur M 1.– so erhalten wir aus diesen 170 Gemeinden M 51,000, wovon, bei einem Netto-Gewinn von minimum 50 %, M. 25,000 als sommerliches Fixum für das (...) Kloster; ohne das Fegefeuer-Geld, welches gänzlich unberechenbar ist, und (...) voll und ganz in die Klosterkasse fließt.«

Erheiternd ist dabei, wie es den erklärten Atheisten Panizza auch erzürnt, wenn sich die irrationalen Gläubigen nicht streng ihrem irrationalen Glauben gemäß verhalten, sondern, gut epikuräisch, auch anlässlich der Wallfahrt nach Lustmaximierung streben. »Andere aber, die orts- und wegkundig waren, verschwanden hier auf Nimmerwiedersehen. Sie kannten kürzere Pfade, um *Andechs* zu erreichen. Und ihnen war es nicht um die ›Dekaden‹, um den ›vollkommenen Ablass‹, noch um die 181 Jahre Nachlaß zeitlicher Sünden-Strafen zu tun. Sie wollten wissen, wie das Kloster-Sommerbier dies Jahr geraten sei.« Die Pilger»... fraßen und soffen ganz unglaubliche Quantitäten – (...) und scherzten und zoteten wie auf einer Kirchweih' – könnte ich hinzufügen. Kirchweih'! Da haben wir's ja schon wieder. ›Weihe einer Kirche‹ ist im katholischen Volksleben identisch mit dem brutalsten Ausleben der Volksgelüste geworden.« Bier, »Volksgelüste« und echter Glaube schienen selbst dem Ungläubigen jener Zeit offensichtlich unvereinbar und unter dem Zeichen des Bieres schien ihm die ganze Unternehmung zu stehen: »Ich weiß nicht, ob der Bittgang nüchtern angetreten wird. Aber jedenfalls wird er nicht nüchtern beendet; sondern meist schwer betrunken; und vielfach im Straßengraben.« »Voll Ekel im Herzen« verließ Panizza schließlich »diesen Sünden-Vergebungsberg«.

Wilhelm Busch war da noch ein gutes Stück einfühlungsbereiter gewesen und hatte in der »Frommen Helene« (1872) die Andechser Wallfahrt in ein milderes Licht der Satire gestellt: »Hoch von gnadenreicher Stelle / Winkt die Schenke und Kapelle. – / Aus dem Tale zu der Höhe, / In dem seligen Gedränge / Andachtsvoller Christenmenge / Fühlt man froh des andern Nähe; / (...) Gott sei Dank, jetzt ist man oben! / Und mit Preisen und mit Loben / Und mit Eifer und Bedacht / Wird das Nötige vollbracht. / Freudig eilt man nun zur Schenke, / Freudig greift man zum Getränke, / Welches schon seit langer Zeit / In des Klosters Einsamkeit / Ernstbesonnen, stillvertraut, / Bruder Jakob öfters braut.« Doch auch in Buschs Schilderung kommt es schließlich zu ganz unchristlichen Exzessen seitens der Pilger (gefährlicher Eingriff in den Straßenverkehr, Sachbeschädigung, schwere Körperverletzung, versuchter Totschlag).

Wilhelm Buschs »fromme Helene« auf dem Weg nach Andechs.

Bruder Jakob und ein toter König

Allzu einsam und still kann es damals in der Brauerei freilich kaum zugegangen sein, und Bruder Jakob (Fr. Jakob Neubauer) selbst war eine regelrecht prominente Gestalt, die sich etwa auch in diversen Bildern des Genremalers und Bräustüberl-Stammgastes Eduard Grützner (1846–1925) verewigt fand. Schon seit seiner Studienzeit bei Piloty malte Grützner den Konservativen seiner Zeit ein nostalgisch-harmloses und gemütvolles Mönchtum zurecht, rotnasig, bierselig, in dunkelgetönten und historisierenden Ambientes; nach ihm ist noch heute der älteste Teil des Andechser Bräustüberls benannt, das »Grützner-Stüberl«. 1886 starb der Braumeister Jakob im erstaunlichen Alter von 62 Jahren – erstaunlich angesichts der 15 Maß Bier, die er täglich zu sich nahm, wie der Chronist glaubhaft versichert (in der Fastenzeit immerhin nur fünf!). Freilich ging das Ableben des bekannten Ordensmannes in der damaligen Aufmerksamkeit etwas unter, angesichts des überraschenden Todes von König Ludwig II. im nahen Starnberger See, nur eine Woche zuvor. Bis heute glauben nicht wenige, dass der König Opfer einer Verschwörung wurde, deren Organisatoren den Regenten umbringen ließen und anschließend Mordspuren vertuschten. Beweisen könnte dies nur eine Obduktion des Leichnams des Königs, doch das Haus Wittelsbach verweigert bis heute die Öffnung des Sarges in der Fürstengruft der Münchner Michaelskirche – was von den Konspirationstheoretikern wiederum als zwingender Beweis für die Richtigkeit der Mordthese verstanden wird. Die konspirologisch besonders gewieften »Guglmänner SM. König Ludwig II.« (ein merkwürdig ungeheimer Geheimbund, dessen Mitglieder bisweilen in der Tracht spanischer Karwochenprozessionen für die Aufklärung des vermeintlichen Mordes demonstrieren) wissen es freilich noch besser: Ludwig liegt ohnehin nicht mehr in seinem Münchner Sarkophag. In einer Pressemitteilung vom 19. Juni 2001 erklären die königstreuen Kapuzenträger (unter reichlicher Verwendung von Zirkelschlüssen und permanenter Vertauschung von notwendigen und hinreichenden Zusammenhängen), dass das Haus Wittelsbach die sterblichen Überreste bereits in den 1930er-Jahren von dort entfernen ließ, aus Furcht, Hitler könnte auf Bitten von »Ludwigsforschern« den Sarg öffnen lassen. Der tote König aber liege seitdem in Wahrheit im Kloster Andechs, in der Schmerzhaften Kapelle, zwischen dem Komponisten Carl Orff und einem

Sohn (Heinrich Franz Wilhelm von Bayern, 1922–1958) des letzten bayerischen Kronprinzen: »Zwischen den beiden Grabplatten befindet sich ein prachtvolles, anonymes, denkmalartiges Monument – das kann nach Lage der Dinge nur das Grabdenkmal für Ludwig II. sein.«

Orffgrab und »anonymes, denkmalartiges Monument« in der Schmerzhaften Kapelle

Der aus München stammende Orff (1895–1982) wurde hingegen auf eigenen Wunsch in Andechs beigesetzt und aus echter Verbundenheit: Schließlich hatte er die letzten drei Jahrzehnte seines Lebens in unmittelbarer Nähe des Klosters, im Dießener Ortsteil St. Georgen, verbracht. Dass Orff, weder dem Adel noch der Geistlichkeit angehörend, diese exklusive Ruhestätte zugebilligt wurde, hat mit gegenseitiger Wertschätzung zu tun, erscheint aber zugleich fast nahe liegend: Orff hatte mit der »Bernauerin« (Uraufführung 1947) die tragische Mésalliance zwischen der Titelheldin und Herzog Albrecht III. – dem Stifter des Klosters – als »bairisches Stück« dramatisiert, und sein erfolgreichstes Werk, die »Carmina Burana« (1937), führte sogar ein Benediktinerkloster im Titel (Bura Sancti Benedicti). Die Texte dieser szenischen Kantate stammen aus einer um 1230 entstandenen illuminierten Handschrift mit mittellateinischen Lieder- und Dramentexten, sogenannter Vagantendichtung, die 1803 im Kloster Benediktbeuern entdeckt und für die Münchner Hofbibliothek beschlagnahmt worden war (Signatur: clm 4660), und zwar von niemand anderem als Johann Christoph von Aretin. (Den Titel »Carmina Burana« erhielt die Sammlung im Rahmen ihrer ersten Gesamtedition durch Johann Andreas Schmeller 1847 – auf dieser basiert auch Orffs Fassung.) Bei so vielen Kreuz- und Querbezügen konnte es kaum schaden, noch weitere hinzuzufügen, und so gründete der Konvent zusammen mit anderen zehn Jahre nach dem Tod des Komponisten den Verein »Orff in Andechs e.V.«, der regelmäßige Festspiele mit Werken Carl Orffs veranstaltet. Erst als bescheidene Wochenend-Biennale konzipiert, finden die Festspiele seit 1998 jährlich von Juni bis August statt, seit 2000 in einem eigenen Festspielhaus, dem sogenannten »Florian-Stadl«, einem ehemaligen Heustadl und Schweinestall am Fuße des Heiligen Berges, der zu einem respektablen Konzertsaal mit 700 Sitzplätzen ausgebaut wurde.

Naherholung und Expansion

Orff hatte schon als kleines Kind mit seiner Familie ab 1898 regelmäßig die Sommerfrische am Ammersee zugebracht, und die Orffs waren bei Weitem nicht die einzigen: Mit der Erschließung der Region durch den Eisenbahnbau nach Starnberg (1854) und Tutzing (1865), erst recht aber mit der Eröffnung der dezidiert als Ausflugsbahn geplanten Strecke nach Herrsching (1903) kamen immer mehr Münchner zur Sommerfrische oder als Ausflügler. Drei Zugpaare täglich, im Sommer noch ein zusätzlicher »Badezug«, rückten den Ammersee schlagartig an die Hauptstadt heran, und schon 1910 war die Herrschinger Strecke die meistgenutzte unter allen damaligen Lokalbahnen. Es waren längst nicht mehr nur Pilger, die den heiligen Berg besuchten, sondern vor allem Erholungssuchende, die der Landschaft, der Aussicht und nicht zuletzt des Klosterbieres wegen kamen.

Zu diesen gehörte auch Ludwig Thomas Postsekretär Angermayer, ein borniert und mit allem Schalterbeamtenhochmut ausgestatteter Grantler, der nach seinem Ableben in den Himmel kommt und sich vor lauter Empörung darüber, dass der Himmel nicht seinen gewohnten Lebensumständen entspricht, gleich derart aufführt, dass er schließlich, von zwei recht groben Engeln, wieder hinausgeworfen wird. Als sich aber herausstellt, dass diese ehedem als Klosterhausknechte in Andechs gedient hatten, wird es selbst dem zwidernen Postler warm ums Herz: »Jessas, Andechs!‹ jauchzte der Sekretär, und wunderkühle Nachmittage hinter den Maßkrügen des Bräustüberls fielen ihm ein, und er schnalzte unwillkürlich mit der Zunge. ›Und an Backsteiner [Käse] und an Radi!‹ setzte er die Reihe der seligen Erinnerungen fort. Mit wie wenig kann ein Mensch doch glücklich sein, und zu was brauchte man ein solches Paradies, wenn man es auf Erden hatte!«

Je mehr Durstige aber Eingang ins Paradies begehrten, desto mehr musste auch das Paradies wachsen. Als die vom Abrutschen bedrohte Ostseite des Berges ohnehin befestigt werden musste, nutzte Abt Gregor Danner die Gelegenheit, statt einer Stützmauer ein gewaltiges, siebenstöckiges Mälzereigebäude zu errichten, das trotz seines barockisierenden Äußeren komplett als hochmoderner Stahlbetonbau ausgeführt wurde (Firma Wayß & Freytag, 1906/07). Dieser Anbau trug nicht nur zu einer weiteren Erhöhung des Bierausstoßes bei, sondern bot zudem Gelegenheit, das kleine, alte Bräustüberl um eine Terrasse und das »Gewölbe« zu erweitern. Mit dem erneuten Ausbau von 1937/38 wurde die Besucherkapazität noch einmal verdoppelt, das Bräustüberl allerdings kurz darauf verpachtet und schließlich kriegsbedingt geschlossen. (Während des Krieges und in der frühen Nachkriegszeit waren nämlich die Bayerische Vereinsbank und – wie es das oft ironische Schicksal will – Teile der Bayerischen Staatsbibliothek nach Andechs evakuiert!) Erst zu Josephi 1952 eröffnete es wieder, mit erweitertem Angebot: Hatte es dereinst als Bierbeilage nur Schwarzbrot, Klosterkäse und Radi gegeben, bot fortan ein »Kiosk« ein reichliches Angebot an Brotzeiten, Süßwaren, Schmauchwerk usw. Nach der der rationalisierungsbedingten Einstellung des Mälzereibetriebs wurde das Bräustüberl 1970 noch einmal vergrößert und bietet heute insgesamt Raum für knapp 400 Gäste, auf den beiden Terrassen für 1200 weitere – und dennoch ist es an Wochenenden und bei schönem Wetter meist schwer, einen freien Platz zu finden.

Auch für die Brauerei selber wurde es in den alten Klostergebäuden, trotz mehrfacher Aus- und Umbauten, irgendwann zu eng. Anstatt weiterer kurzfristiger Kompromisslösungen investierte der Konvent 1984 unter der Regie von P. Daniel Gerritzen (Cellerar 1967–1985) in eine hochmoderne, komplett neue Brauereianlage am Fuße des Berges (wo sich seit 1972 bereits Füllerei und Filtrieran-

Das Bräustüberl

lage befanden), die seitdem immer wieder auf den neuesten Stand der Technik gebracht wurde und heute etwas über 100000 Hektoliter Bier pro Jahr ausstößt. (Nur zum Vergleich: Die Münchner Löwenbräu Brauerei produzierte schon 1928 eine Million Hektoliter per annum!) Von diesen gut zehn Millionen Litern werden allerdings nur noch zehn Prozent auf dem Heiligen Berg konsumiert – eine Million Maß für ca. eine Million Besucher jährlich –, der Rest geht in Fässern oder Flaschen in den Vertrieb. Ein erstaunliches Verhältnis, wenn man bedenkt, dass die erste kleine Flaschenabfüllanlage auf dem Heiligen Berg erst 1925 in Betrieb ging. In jener Zeit erlebte die Brauerei eine erste Phase heftiger Expansion, die in manchem bereits an jene erinnert, die in unseren Tagen das Erscheinungsbild des Klosters verändern und zwischenzeitlich sogar für Schlagzeilen sorgen sollte. Andechser Bier war nachweislich schon seit 1891 auch in München gezapft worden, ab 1925 erwarb das Kloster etliche Gaststätten in der Region (die sich nicht immer als dauerhaft rentabel erwiesen), und ausgeschenkt wurde das Bier nun zusätzlich in Augsburg, Stuttgart, Berlin und Zürich. 1955 bis 1970 pachtete das Kloster zur Steigerung des Ausstoßes sogar die Brauerei der niederbayerischen Benediktinerabtei Metten.

Die Marke »Andechs« und ein Streit

Vollends aber in den letzten zwei Jahrzehnten wurde aus dem eher regional orientierten Versorgungsbetrieb des Klosters St. Bonifaz eine national und international bekannte »Marke«. Der Vertrieb wurde erheblich ausgebaut, die Produktpalette diversifiziert – Einführung von hellem und dunklem Weißbier 1993 bzw. 1997, auf Initiative von Abt (1967–2003) Odilo Lechner persönlich –, man vergab Lizenzen für die Vermarktung etwa von Schnupftabak, Brot und Semmeln, Käse und Speck sowie von pharmazeutischen Arzneipflanzenextrakten unter dem Label »Kloster Andechs« – und eine Zeit lang wurde Andechser Klosterbier sogar unter Lizenz in Kanada gebraut. Zur Erweiterung des nicht-kulinarischen Angebots wurde 1998 eine »Kultur- und Veranstaltungs-GmbH« gegründet, die einerseits kulturelle Veranstaltungen im Kloster organisiert (allem voran die Orff-Festspiele), andererseits Tagungen (Motto: »Tagen auf höchster Ebene«), Symposien, Konferenzen, Produktpräsentationen und

Incentives sowie Feierlichkeiten für private und Firmenkunden; der Bau eines Hotels mit Golfplatz war zumindest zeitweilig in der Überlegung.

Wenig glücklich blieb die Gründung (1998) einer bundesweiten Kette von Franchise-Gaststätten, die unter dem Namen »Der Andechser« Klosterbier, bayerische Küche und »Gemütlichkeit« exportieren sollten. Bei der Franchise-gebenden »Kloster Andechs Gastronomie AG« war die Klosterbrauerei mit 42 Prozent Hauptaktionärin, den nächstgrößeren Anteil (38 %) hielt der Ulmer Geschäftsmann Rainer Staiger, der gleichzeitig als geschäftsführender Vorstand fürs operative Geschäft zuständig war. Die Unternehmensplanung war auf Wachstum ausgerichtet, doch im Jahr 2004 – es gab inzwischen deutschlandweit zehn Andechser-Gaststätten – reichte das Kapital nicht mehr aus. Staiger versuchte, den Konvent zu einer Erhöhung des Kapitals durch die Ausgabe neuer Aktien zu bewegen, um noch schneller expandieren zu können, verschleierte aber gleichzeitig, dass eigentlich bereits die Zahlungsunfähigkeit drohte. Der Konvent jedoch weigerte sich, der Kapitalerhöhung zuzustimmen, und stellte wenig später, nachdem die Zahlungsunfähigkeit tatsächlich eingetreten war, notgedrungen Antrag auf Insolvenz wegen Zahlungsunfähigkeit und Überschuldung. Staiger inszenierte sich daraufhin öffentlichkeitswirksam als das unschuldige Opfer mönchischer Verbohrtheit: Erst durch die Verweigerungshaltung des Konvents und vollends durch den Insolvenzantrag sei das eigentlich erfolgreiche Unternehmen mutwillig ruiniert worden. Inzwischen allerdings wurde von neutraler Seite bestätigt, dass die Mönche richtig gehandelt hatten: Am 12. März 2008 urteilte das Bayerische Oberlandesgericht in München, dass die Ausgabe neuer Aktien kein legitimes Mittel zur

Hilfreiche Herzen am Andechser Kiosk

Abwendung einer Insolvenz darstellt, ja: dass potenzielle Investoren durch solch ein Vorgehen unzulässig getäuscht worden wären und dass die Ursache für die Insolvenz tatsächlich in der Tätigkeit des operativen Vorstandes liege (Az: 7 U 3543/07).

Ein solcher Streit hinter Klostermauern, mit deftigen Intrigen- und Betrugsvorwürfen, wäre wohl zu jeder Zeit und überall ein gefundenes Fressen für die Presse gewesen (da schwingen jahrhundertealte Schauerphantasien über die geheimen Ränke und Machenschaften klösterlicher Obskuranten mit), aber in Andechs war die Story sogar noch besser. Kurz zuvor, am 23. Juli 2003, hatte der Konvent Dr. Johannes Eckert zum neuen Abt von St. Bonifaz und Andechs gewählt (im Übrigen der erste Andechser Konventuale seit der Neugründung, dem diese Ehre wiederfuhr) – und nicht P. Anselm Bilgri (Cellerar seit 1986, Prior seit 1994), den viele außerhalb des Klosters als die naheliegendste Wahl angesehen hätten, wahrscheinlich schon allein wegen seiner starken Medienpräsenz. Dass Bilgri kurz danach auf eigenen Wunsch ein »Sabbatical«, eine längere Auszeit, gewährt bekam (vom neuen Abt!) und nach diesem, im Sommer 2004, seinen Austritt aus dem Kloster erklärte, weil er sich als Unternehmensberater selbstständig machen wollte, war ein Hintergrund, vor dem sich die Vorgänge rund um die Insolvenz der Kloster Andechs Gastronomie AG umso dramatischer abzeichneten. Obwohl Bilgri (»Den Entschluss zum Ausscheiden aus dem Kloster habe ich im Zuge einer zunehmenden Entfremdung vom Gemeinschaftsleben unseres Klosters gefasst. Die Sabbatzeit sollte mir gerade auch bei der Klärung dieser für mich sehr schwierigen Entscheidung den nötigen geistigen Freiraum schaffen«) und Eckert (»Ich und der ganze Konvent bedauern seinen Schritt sehr. Seine Entscheidung bedeutet für unsere Gemeinschaft einen Einschnitt«) in persönlichen Erklärungen öffentlich die private Motivation und den einvernehmlichen Charakter von Bilgris Austritt betont hatten, lasen sich die Zeitungsmeldungen über Andechs zeitweise wie Kriegsberichterstattung. In holzschnittartigem Schwarz-Weiß (Kommerz gegen Kontemplation) wurde ein Richtungsstreit über die Zukunft des Klosters heraufbeschworen, von enttäuschter Eitelkeit (Bilgri) und einem Rachefeldzug (Eckert) war die Rede, und kein Klischee, das entfernt mit klösterlichem Leben zu tun hat, war vor Exhumierung sicher.

Sieht alles, auch im Bräustüberl: das Auge Gottes

Oeconomie und Caritas

Auch heute noch sind die in den letzten Jahren neu geschaffenen Logos, Marken und Produkte aus Andechs vielerorts präsent, aber auf dem Heiligen Berg selber, wo man erwarten würde, dass die Werbetrommel am lautesten gerührt wird, ist es eigentlich wie immer. Da, wo man das Zentrum der betriebswirtschaftlichen Betriebsamkeit vermuten sollte, spürt man eine unaufgeregte Selbstverständlichkeit; die neue »Corporate Identity« mag hier und da aufscheinen, aber sie stört nicht besonders, verblasst angesichts des ehrwürdigen Berges, der jahrhundertealten Mauern, des Glanzes der frisch renovierten Klosterkirche, der historisch patinierten Rustikalität des Bräustüberl... Bei aller Medienpräsenz, und obwohl man Andechser Bier heute beinahe in ganz Deutschland kaufen kann, ist der Wirtschaftsbetrieb Kloster Andechs von den Dimensionen her doch immer noch ein mittelständischer (etwa 200 Angestellte – mit neun verschiedenen Tarifverträgen) und die derzeit sieben Mönche auf dem Heiligen Berg entsprechen der Zahl von Konventualen zur Gründung des Klosters (insgesamt sind es in St. xBonifaz und Andechs derer 20). Die Brauerei als Betriebs-GmbH ist zu hundert Prozent in der Hand des Konvents – gehört also keinem großen Brauereikonzern an (nicht InBev, nicht SABMiller), was selbst in Bayern inzwischen fast als Ausnahme erscheint – und dient, dem eigenen Selbstverständnis nach, immer noch wesentlich als Versorgungsgut, zum Erhalt der beiden Standorte München und Andechs. Gegen den möglichen Vorwurf eines Widerspruchs zwischen Zweck und Mitteln wehrte sich schon vorauseilend der Klosterführer aus dem Jahr 1925: »Wer etwas anstößiges darin findet, wenn auf bayerischem Boden Mönche Brot und Bier den Hungrigen und Durstigen reichen, verkennt die Entwicklung des wirtschaftlichen Lebens in Bayern. Andererseits verlangt gerade die alte Tradition, dass das Klosterbräustübl auf dem Heiligen Berg sich nicht dem Geist und Stil sonstiger moderner Vergnügungsstätten angleicht, sondern ein Ort freundlicher Gastlichkeit eigener Art und nicht zuletzt eine Stätte christlicher Caritas sei. Wenn das Bräustübl geschlossen wird, muß auch das Armenstübl an der Klosterpforte von St. Bonifaz (…) geschlossen werden.« Auch wenn die Abtei in der Münchner Innenstadt statt einem »Armenstübl« heute eine ganze Sozialstation unterhält, mit Küche, Arztpraxis und Notquartier für Obdachlose, das Prinzip ist dasselbe geblieben. Auf dem Heiligen Berg muss nicht nur das Geld für die Erhaltung der Einrichtungen vor Ort verdient werden (inklusive teurer denkmalschützerischer Projekte), sondern vor allem auch dasjenige für St. Bonifaz und seine sozialen, seelsorgerischen und kulturellen Einrichtungen. Benediktinisches Wirtschaften ist, wie der heutige Cellerar P. Valentin Ziegler sagt, ein »bodenständiges Wirtschaften«, dem es nicht um Expansion um der Expansion willen geht, und auch nicht um Gewinnoptimierung um jeden Preis; es geht, wie man im heutigen Wirtschaftsjargon sagen könnte, um Nachhaltigkeit und allem voran um den Erhalt der Standorte, inklusive der »weltlichen« Arbeitsplätze.

Bodenständiges Wirtschaften, bodenständige Fahrzeuge: Andechser Brauereilaster

Das Andechser Gefühl

Neben dieser Versorgungsfunktion ist die Hauptaufgabe der Andechser Mönche aber nach wie vor – wie seit mehr als 550 Jahren – die Betreuung der Wallfahrt und der Wallfahrer. Selbst in unserem säkularen Saeculum besuchen jedes Jahr 30 000 Menschen das Kloster allein im Rahmen von organisierten Pilgerfahrten. Eine große Zahl von Wallfahrern kommt auch auf eigene Faust, doch wie groß ihr Anteil an den jährlich 1 000 000 Besuchern auf dem Heiligen Berg genau ist, lässt sich nicht sagen; ebensowenig wie man die Besucher überhaupt nach unterschiedlichen Interessenlagen und Besuchsmotivationen quantifizieren könnte. Aber schließlich differenziert die Benediktsregel ja auch nicht weiter: »Alle Fremden, die kommen, sollen aufgenommen werden wie Christus; denn er wird sagen: ›Ich war fremd, und ihr habt mich aufgenommen.‹« (RB 53,1; in sympathisch trotzigem Ton wird allerdings in RB 53,15 eine Ausnahme im Dienste ausgleichender Gerechtigkeit gemacht: »Vor allem bei der Aufnahme von Armen und Fremden zeige man Eifer und Sorge, denn besonders in ihnen wird Christus aufgenommen. Das Auftreten der Reichen verschafft sich ja von selbst Beachtung.«)

Manche kommen eben aus religiösen oder allgemeiner spirituellen Motiven (die Idee der Wallfahrt ist derzeit ja nicht nur bei praktizierenden Katholiken schwer en vogue, sondern – als zeitgemäße Melange aus Selbstfindung, Wellness und Event – bei breitesten bürgerlichen Schichten), manche aufgrund der Prominenz der »Marke« Andechs, manche wegen des Klosterbieres und manche wegen der berühmten Schweinshaxen; diese suchen Erholung, jene hoffen auf bierzeltartiges Gaudium, die einen verweilen länger, die anderen reisen bald schon wieder ab, mit dem Auto, mit dem Bus oder zu Fuß, manche nüchtern, manche volltrunken, die meisten irgendwo dazwischen. Es ist, wie die Besucherzahlen vermuten lassen, oft recht voll hier, ein Gewühle aus Menschen aller Schichten und vieler Herkunftsorte, Einheimische und »Preußen« und einheimische Preußen, Touristen aus ganz Europa und Übersee: Berührungsängste darf man in Andechs keine haben – es ist laut, in den Innenräumen des Bräustüberl riecht es auch nicht immer gut (früher viel nach Rauch, jetzt nur noch nach Mensch und Bier) und Körperkontakt zu den Nachbarn ist in der Enge nicht zu vermeiden.

Herbert Achternbusch (*1938) hat dieser speziellen Atmosphäre in seinem Film »Das Andechser Gefühl« (1974) ein Denkmal gesetzt und einen Namen gegeben:

»*Filmschauspielerin*: Habe ich einen Durst. Darf ich von Ihrem Bier trinken? [...] Oh das schmeckt, an diesem Geschmack hat sich nichts geändert. Und die vielen Stimmen in der Luft und das weite Land, ah wie freue ich mich auf Italien.

Der Himmel über Andechs

Lehrer: Ja, das ist das Andechser Gefühl.
Die Filmschauspielerin macht den Mund auf und tut die Hand davor.
Lehrer: Das Andechser Gefühl ist ein Gefühl –
Beide: – dass wir nicht allein sind.«

Ganz anders, aber vielleicht sogar noch schöner, ist die Atmosphäre, wenn nicht so viel los ist, unter der Woche, möglichst im Winter, wenn es schon am Nachmittag dunkel wird und die düstere Stube mit dem warmen Ofen wie der einzig behütete und angenehme Platz auf Erden erscheint.

Gerade dann kann man, neben dem Klingen der Krüge und den mal mehr, mal weniger gedämpften Gesprächen, einen Bordunton benediktinischen Lebens durchhören, der hier durch die Jahrhunderte schwingt. Natürlich hat man es als gewöhnlicher Besucher kaum mehr mit den Konventualen selber zu tun (schon seit dem Zwei-

Bräustüberl, seltene Leere

ten Weltkrieg sind diese nicht mehr am Ausschank tätig) und auch das Bier wird inzwischen von angestellten Laien gebraut (der letzte konventsangehörige Bräu ging 1968 in den Ruhestand), doch die Preise für Getränke und Speisen orientieren sich nach wie vor offensichtlich an der Ordensregel (»Bei der Festlegung der Preise darf sich das Übel der Habgier nicht einschleichen. Man verkaufe sogar immer etwas billiger, als es sonst außerhalb des Klosters möglich ist, damit in allem Gott verherrlicht werde.« RB 57,7–9). Und nach wie vor darf auch nach alter Wallfahrtssitte jeder Gast seine eigene Brotzeit mitbringen, was nicht einmal mehr in allen Biergärten selbstverständlich ist. Schließlich die Öffnungszeiten des Bräustüberl: zehn Uhr vormittags bis acht Uhr abends – die Anpassung an den Rhythmus des klösterlichen Lebens ist offenbar wichtiger als die schönen Umsätze, die man in den Abendstunden noch machen könnte. Das allabendliche Bedauern der Gäste über das frühe Ende der schönen Zeit ist hier ohnehin dauerhaft vorweggenommen, mit einem Zitat aus Carl Orffs »Astutuli«, das über dem Ausgang angebracht ist: »Aus is's und gar is's und schad is's daß's wahr is.«

(Gegeben am Freitag nach dem 14. Sonntag post Trinitatis, im Jahre des Herrn 2008)

Informationen

Kloster- und Wallfahrtskirche

Regelmäßige Sonntagsgottesdienste um 9.00 Uhr, 10.15 Uhr, 11.30 Uhr und 18.00 Uhr.

Öffentliche Führungen (o. Voranmeldung, halbstündig) vom 14.4. bis 24.10. (2008), täglich (auch an Feiertagen) 12.00 Uhr, sonntags 12.15 Uhr (nach der Messe); kostenlos. Treffpunkt in der Kirche.

Private Gruppenführungen (einstündig, auch Engl., Frz., Ital.) , Montag bis Freitag (nicht an Feiertagen) ganzjährig nach Voranmeldung (08152 / 376154).

Klosterladen

Geöffnet Mo.–Sa. 10.00–17.30 Uhr, sonn- u. feiertags 9.30–17.30 Uhr

Brauerei (nordöstlich am Fuß des Heiligen Berges)

Führungen (o. Voranmeldung, einstündig) vom 14.4. bis 24.10. (2008), Di., Mi. u. Do. 11.00 Uhr; Kosten: 4,- EUR / Person (inkl. 1,- EUR Gutschein für Bräustüberl). Treffpunkt vor der Brauerei.

Private Gruppenführungen (einstündig, auch Engl., Frz., Ital.) ganzjährig nach Voranmeldung (08152/376154), Di., Mi. und Do. 9.00, 10.00 und 13.00 Uhr;

Biere

Hell: Klassisches bayerisches Helles, goldfarbig im Glas, eher mild, dabei (im Vergleich zu anderen Hellen) bei aller Malzaromatik auch nuancierte Hopfennoten (Stammwürze 11,5 %, Alk. 4,8 %).

Dunkel: Recht angenehmes bayerisch Dunkel, malzig-aromatisch, winterlich, voll, aber nicht zu schwer (Stammwürze 12,5 %, Alk. 5,1 %).

Spezial Hell: Leuchtendes Gold im Glas; im Antrunk frisch und herb-malzig (mit zarten Zitrusnoten); kräftig und würzig, mit unterschwellig mitlaufender Süße, große Fülle (»ein sauber Maulvoll«), geschmackvoll zurückgehaltene Kohlensäure; Nachgeschmack mit beinahe bockbierartigem Biss und lang anhaltend, zum Weitertrinken direkt animierend… Deutlich mehr Würze (und Charakter) als das normale Helle, auch spürbar stärker, trotzdem überraschend süffig, insgesamt eher vom Festbiertyp (Stammwürze 13,5 %, Alk. 5,8 %).

Bergbock Hell: Im Glas zwischen Gold und Bernstein changierend, höchst aromatisch, vollmundig, vielfältige Frucht-, Kräuter-, Honig- und Getreidenoten, Malzsüße und Hopfen schön ausbalanciert, harmonischer Nachhall, insgesamt für seine Stärke noch gefährlich mild und süffig, herausragend, ein alkoholisches Monument (Stammwürze 16,5 %, Alk. 7 %).

Doppelbock Dunkel: Dunkel und intensiv rotbraun im Glas, vollmundig und würzig im Geschmack, mit ungewöhnlich komplexem Aromenspektrum (Bitterschokolade, Trockenfrüchte, Vanille, Lakritz, Caramel, Leder), bei aller Malzsüße leicht rauchig bzw. röstmalzig, zudem gut mit Hopfennoten ausgeglichen; cremig, konzentriert, geradezu üppig (könnte wohl eine Mahlzeit ersetzen); den reichlich vorhandenen Alkohol riecht man hier eher, als dass man ihn wirklich schmeckte, erstaunlich unsperrig, für ein Bier dieser Klasse ungemeine Süffigkeit… Ein wahrhaft außergewöhnliches Bier, und eines der ganz wenigen in Oberbayern, bei dem die inflationär gebrauchte Vokabel »Spezialität« einmal im vollen positiven Sinne angemessen ist (Stammwürze 18,5 %, Alk. 7 %).

Weißbier hell: Naturtrüb, in der Nase eingehend Nelken und Hefe; Antrunk leicht säuerlich, feinfruchtig mit Nelke und Banane als Würzpatrozinium, recht erfrischendes, insgesamt ordentliches Hefeweizen (Stammwürze 12,5 %, Alk. 5 %).

Weißbier dunkel: Schöne tiefdunkelbraune Farbe, fast lichtundurchlässig (wie eingekochtes Spezi), angesichts dessen aber erstaunlich schlank und erfrischend; röstmalzige, dunkle Aromen (sehr brauner Caramel und eine Ahnung von Bitterschokolade), für ein Weißbier dabei ungewöhnlicherweise leicht herb, nur sehr zurückhaltend zu schmeckende Hefe, auch die weißbiertypische Fruchtaromatik hier eher zurückgenommen (für sein Genre nicht ganz typisches Bier, aber deshalb ein didaktisch hervorragender Einstieg für Weißbiernovizen) (Stammwürze 12,5 %, Alk. 5 %).

Winterbier: Kellertrübes Dunkles, das ausschließlich saisonal und exklusiv im Bräustüberl Andechs ausgeschenkt wird (jeweils 11. November bis 19. März) (Stammwürze 12,5 %, Alk. 5,1 %).

Bräustüberl

Täglich geöffnet von 10.00 bis 20.00 Uhr (24./25.12., 1.1. sowie Karfreitag geschlossen).
 Reservierungen (ab 20 Personen): 08152/376261
 Selbstbedienung. Warme Speisen 10.30–18.00 Uhr, kalte Speisen durchgehend.
 Speisenangebot: Gegrilltes (Haxn, Wammerl, Rollbraten), Wurstwaren warm (Wiener, Debrecziner, Regensburger, Leberkäs) und kalt (Presssack, Bauernspeck, Schinken, Leberkäs) aus der klostereigenen Metzgerei; reiche Auswahl an Andechser Käsespezialitäten (u. a. Romadur, Klosterkäse, Ziegencamembert, Bio-Blauschimmel); Beilagen (frische Brezn, Kartoffelsalat, Sauerkraut); Freitag bis Sonntag frisch geräucherte Forellen und Makrelen.
 Sehr moderate Preise (Maß Bier je nach Sorte zwischen 5,20 und 6,00 Euro, 0,5 l Tafelwasser 2,00 Euro, Stand Sommer 2008).

Im Biergarten (auf halber Höhe zwischen Bräustüberl und Klostergasthof) empfehlenswerte Steckerlfische.

Klostergasthof (Pächter: Urban Gaststätten GmbH)

Täglich geöffnet von 10.00 bis 23.00 Uhr, durchgehend warme Küche bis 22.00 Uhr.
Reservierungen: 08152/93090.
Gehobene Gastronomie in gepflegter, aber etwas austauschbarer bayerischer Landgasthof-Atmosphäre, z.T. jedoch in sehenswerten alten Gewölben.
Speisenangebot: Ambitionierte Regionalküche mit mediterranen Einschlägen. Entsprechend gehobenes Preisniveau.

Anreise

Mit der Linie S5 von München nach Herrsching (Fahrzeit von München Hauptbahnhof bis Herrsching: 48 Minuten, Fahrplan s. http://www.mvv-muenchen.de).
Von Herrsching aus schöner Spazierweg durchs Kiental nach Andechs (Gehzeit ca. eine Stunde, ausgeschildert. Nicht mit dem ebenfalls ausgeschilderten, aber weniger schönen Spazierweg übers Hörndl verwechseln!)
Wahlweise ab Herrsching Bahnhof mit der privaten Regionalbuslinie der Firma »Ammersee Reisen« (zwischen 11.00 und 18.40 Uhr ungefähr stündlich, genaue Fahrpläne s. http://www.ammerseereisen.de) oder den öffentlichen Regionalbuslinien 950/951 (zwi-

schen 10.00 und 17.00 Uhr etwa anderthalbstündlich, genaue Fahrpläne s. http://www.mvv-muenchen.de)

Für unverbesserliche Autofahrer (sowie für Motorräder, Busse etc.) steht östlich des Heiligen Berges eine zyklopische Parkplatzanlage von atemberaubender Scheußlichkeit zur Verfügung.

Internet

http://www.andechs.de

http://www.sankt-bonifaz.de

http://www.klostergasthof.de

http://www.orff-in-andechs.de

Texte über Andechs

Ludwig Thoma
Die Wallfahrt

Im vorigen Jahr haben der Loibl und der Hofbauer eine große Lumperei angestiftet. Ich weiß nicht mehr genau, wie die Geschichte gewesen ist, und auch nicht, ob sie beim Vieh- oder beim Getreidehandel passiert ist. Zudem, was liegt am Ende daran, wenn der geneigte Leser eine Lumperei mehr vom Hofbauer kennen lernt? Ich habe eine sichere Hoffnung, daß es nicht die letzte war.
Heute will ich lieber berichten, wie die zwei abgedrehten Spitzbuben eine Wallfahrt gemacht haben. In der ersten Angst nämlich hat der Hofbauer das Gelübde getan, wenn er diesmal ungestraft durchkomme, dann wolle er im Mai zum hl. Rasso nach Andechs pilgern. Und wie dann die Geschichte alleweil gefährlicher wurde und der Herr Kommandant beim Unterbräu eines schönen Abends den Hofbauer recht spaßig anschaute, da schwur dieser heimlich, er wolle bei seiner Wallfahrt Erbsen in die Stiefel tun, damit er gewiß hart gehe und alle Sünden abbüße.
In Anbetracht dessen, daß er seinerzeit den Loibl zu der Lumperei verführt hatte, war es nicht mehr als billig, daß er ihn auch zu der Buße überredete. Er tat es so eindringlich, daß man schier auf den Glauben hätte verfallen können, es habe nicht bloß die christliche Reue, sondern auch ein bissel Schadenfreude selbigsmal den Hofbauer geleitet.
Soviel ist gewiß, daß seine Überredungskunst Erfolg hatte.
Der Loibl ist überhaupt ein gutmütiger Lapp im Vergleich zum Hofbauer, und um ein gutes Stück ängstlicher. Er meinte sogar, man solle ein Übriges tun und auf Kieselsteinen gehen, damit der hl. Rasso auch ganz gewiß die Herren vom Gericht mit Blindheit schlage. Es blieb jedoch bei den Erbsen, weil der Hofbauer erklärte, sie täten auch weh, und das sei die Hauptsache. Nach und nach ist dann der Mai gekommen. Den Loibl druckte sein Gewissen oder die Angst vor dem Herrn Kommandanten, und er erinnerte diesmal seinen Spießgesellen an das Gelübde. Der Hofbauer brachte allerhand Ausreden daher; einmal sagte er, daß er noch zu schwach sei und nicht aushalten könnte.
»Woißt, Loibl«, sagte er, »mir hat a Kapuziner verraten, daß aus-

setzen schlechter is, wia, net anfangen. Dös tat an heiligen Rasso schö verdriaßn, wann er do amol dö Freud hätt, und es wurd nachher mittendrin wieder nix.« Oder er sagte: »Loibl, es geht net; i hab erscht am letzten Sunnta a Todsünd beganga, und was dös bedeut, werst selm wissen. Da muaß i zerscht beicht'n.«

Endlich wurde die Geschichte dem Loibl zu dumm, und er erklärte kategorisch, am nächsten Sonntag wallfahre er nach Andechs, mit oder ohne Hofbauer. Zu zweit ging es zwar leichter, aber hinausschieben tät er es deswegen auf keinen Fall mehr.

Als der Hofbauer sah, daß ihm alle Flausen nichts helfen könnten, tat er einen langen Seufzer und sagte: »No, wia Gott wüll, i halt still. Roas ma halt auf Andechs!«

Der Sonntag kam, und es war ein wunderschöner Tag. Wär nicht der Hofbauer dabei gewesen, so tät ich sagen: der Himmel hatte offenbar ein Wohlgefallen an den zwei frommen Pilgern. So muß schon ein anderer Grund da gewesen sein. In aller Früh um fünf Uhr wanderten sie zum Dorfe hinaus. Der Loibl fing schon beim letzten Haus das Hinken an, so daß die Felberdirn, welche heraussah, ihn darum anredete.

»Wo aus so zeiti, Loiblbauer? Feit dir was, daß d' gar so krumm gehst?«

»Frag net so dumm und halt ander Leut net beim Beten auf!« antwortete für ihn der Hofbauer, welcher sich viel strammer hielt und mehr Duldermut zeigte.

Dann ging die Wanderung weiter; rechts und links standen die Felder in voller Pracht, die Lerchen stiegen auf und ab und sangen, daß es eine Freude war. Und im Zeidlfinger Holz schrie der Kuckkuck so lustig, als wüßte er, daß Sonntag sei.

Der Loibl schlich langsam dahin; alle fünf Schritte fing er wieder das Jammern an: »Auweh, auweh! I tua g'wiß koan Zement mehr ins Mehl. Ah, Herrschaftseiten, tuat dös weh!«

»Laß no net aus, Loibl«, sagte der Hofbauer, »mir ham's gelobt und müassen's trag'n. Jetzt ist scho wia's is. Schau, mir war's jetzt aa lieber beim Unterwirt.« In Herrsching wollte der Loibl einkehren, aber da kam er schön an. »Dös gibt's net, dös derfst net«, sagte der Hofbauer, »da war dö ganz Wallfahrt umasunst. Halt no aus, jetzt san ma ja bald droben auf'm heilinga Berg.«

»Dös werd Zeit sei«, erwiderte Loibl, »o mei, o mei! I bin nur grad froh, daß ma koane Kieslstoana in d' Stiefel to hamm.«

»I aa«, sagte der Hofbauer.

Jetzt stiegen sie langsam aufwärts durch das Kiental. Als sie nur mehr etliche Minuten von Andechs weg waren, setzte sich der Loibl auf eine Bank.

»I muaß nomal rasten«, sagte er, »meine Füaß brennen als wia's hellichte Feuer.«

Wie er nun langsam verschnaufte, sah er seinen Mitpilger an und wunderte sich, daß er gar so frisch und aufrecht dastand.

»Du«, sagte er, »Hofbauer, i glaub alleweil, du hast gar koane Arwesen in deine Stiefel nei to?«

»Jo, Loibl, jo; was glabst denn, moanst, i tat an heiligen Rasso a so betrüagen? Aber woast, Loibl«, setzte er hinzu und blinzelte ein bissel mit dem linken Aug', »woaßt, Loibl, i hab's zerscht g'sotten!«

Seit derer Zeit sind der Loibl und der Hofbauer die ärgsten Feind, das heißt, damit ich es recht sage, der Hofbauer wär nicht so. Im Gegenteil, er versichert oft, daß er den Loibl recht gut leiden kann.

Ludwig Thoma
Der Postsekretär im Himmel

Zwei Tage vor Mariä Lichtmeß wurde der Postsekretär Martin Angermayer zu München von einem echt bayerischen Schlaganfall derartig getroffen, daß er schon nach einer halben Stunde den Geist aufgab.

Seine Seele schickte sich jedoch nicht sogleich zur Reise an, sondern sie gab wohl acht, ob den irdischen Resten auch alle übliche Ehre widerfahre, und zählte und prüfte die Kränze, welche von einigen Verwandten, auch vom Stammtisch im Franziskaner, dem Verkehrsbeamtenverein und seinem Kegelklub gespendet wurden.

Sie bemerkte sodann noch mit Genugtuung, daß der Herr Postrat Leistl beim Begräbnis zugegen war, daß auch die Haushälterin Zenzi in Tränen zerfloß, und sie fuhr gen Himmel, indes ein Quartett des Männergesangvereins eine erhebende Weise sang.

Da saß nun Sekretär Angermayer im Vorraume des Paradieses und fühlte sich keineswegs so glückselig, wie man es nach den Schilderungen frommer Bücher eigentlich glauben sollte.

Schon daß er nackend war, benahm dem an Ordnung gewöhnten Beamten die Sicherheit, und es wollte das Gefühl, ein respektabler Mensch zu sein und auch als solcher zu gelten, nicht recht in ihm aufkommen.

Zudem fröstelte es den an überheizte Bureauräume Gewöhnten in dem Luftreiche, und der Verdacht, daß es von irgendwoher ziehe, quälte ihn nicht minder wie die Unmöglichkeit, jemanden zum Schließen eines Fensters auffordern zu können.

Denn dieser Vorhof des Paradieses war nach drei Seiten hin eigentlich offen, nur vom eigentlichen Himmel trennte ihn eine Wolkenwand, und zwischen den wundervollen Säulen, die ihn rings umgaben, konnte freilich die balsamische Luft ungehindert einströmen, und gleichermaßen von oben, da sie kein Dach abhielt.

Angermayer schickte seine Blicke mißmutig in das unendliche Blau, das sich über ihm wölbte, und in die rosigen Fernen, die sich zwischen den Säulen auftaten, und diese Unbegrenztheit war ihm fremd, und was ihm fremd war, das war ihm nun einmal zuwider.

Dann stand, seine Unbehaglichkeit zu steigern, eine Menge von Leuten um ihn herum, die sichtlich nicht alle aus Bayern oder gar aus München gekommen waren.

Er konnte im Gegenteil bemerken, daß es Menschen aus aller Herren Länder waren, gelbe, braune, schwarze, Leute mit langen Haaren, wie sie spinnende Schwabinger tragen, Leute mit buschigem Wollhaar, Leute mit Zöpfen, kurzum, zumeist fremdartige Wesen, denen er nie hold gewesen war, und die meisten verdrehten ihre Augen verzückt und selig und benahmen sich auffällig.

Jedem einzelnen von ihnen hätte er in den Straßen seiner Heimatstadt verächtlich nachgeschaut unter bissigen Bemerkungen. Jedem hätte er aus seinem Schalter heraus Respekt beigebracht, aber hier, so mitten unter ihnen, war er hilflos und, was das Schlimmste war, er gehörte eigentlich zu ihnen oder schien wenigstens einer von ihnen zu sein. Dann: zeit seines Lebens war er kein Freund von Kindern gewesen, und ihre Unarten, die von nachsichtigen Eltern womöglich noch gepriesen werden, fielen ihm stets unangenehm auf, und er war nie geneigt, ihrer Unerfahrenheit oder ihrer Jugend etwas zugute zu halten.

Hier trippelten sie nun scharenweise vor seinen Augen herum und jauchzten, und niemand war da, der sie mit Strenge zur Ruhe gewiesen hätte, ja, als er einen Bengel, der ihm zu nahe kam, einen ungezogenen Fratz nannte, schüttelte ein langhaariger fader Kerl, der neben ihm stand, mißbilligend den Kopf.

Da drängte sich Angermayer unwirsch durch die Menge und stellte sich hinter eine Säule, um nur das Getue nicht mehr mit ansehen zu müssen.

Seine Gedanken kehrten sehnsüchtig nach der Erde zurück, wo gerade heute als an einem Donnerstage der Kegelabend stattfinden mußte, und er beneidete die Glücklichen um ihr harmloses Vergnügen.

Die Kollegen redeten gewiß von der Überbürdung des Amtes, bekrittelten die Leistungen der Vorgesetzten und erzählten, wie sie diesem und jenem die Meinung gesagt hätten, und sicherlich war auf diese Art die allergemütlichste Unterhaltung im Gange.

Vielleicht würden sie heute auch an ihn denken und wohl gar mit Bedauern seine Abwesenheit bemerken?

Er hatte freilich nicht das meiste zur Fröhlichkeit beigetragen, aber er war immer pünktlich zur Stelle gewesen und hatte sich jederzeit als eifriges Mitglied gezeigt, und wenn auf Zeit und Zustände geschimpft wurde, hatte es nie an seinem Beifall und seiner kräftigen Mitwirkung gefehlt.

Ach ja – München!

Angermayer seufzte tief, und der lästerliche Gedanke stieg in ihm auf, wie gerne er sich aus Elysium weg nach der bayerischen Hauptstadt versetzen ließe, und wie er bereit wäre, mit einem Kollegen zu tauschen.

Aber er war schon ein Pechvogel.

Auf Erden hatte man ihn oft übergangen, ihm nie die verdiente Beförderung zuteil werden lassen, und wie er dann schimpfend und nörgelnd und doch im Innern zufrieden sich mit seiner Sekretärstellung abfand, mußte er weg mitten unter die nackten, ekelhaften Schlawiner hinein – – –

»Angermayer!«

Er fuhr aus seinen Gedanken auf, als er seinen Namen mit einiger Ungeduld rufen hörte, und sah einen großen Engel am Himmelsportale stehen, der ungefähr so aussah wie ein Genius vom Oberammergauer Passionsspiel, und der jetzt die Hände vor den Mund hielt und wiederum den schallenden Ruf ertönen ließ. »Martin – Angermayer aus München!«

»I – ja!« antwortete mißmutig der Sekretär, »was wollen S' denn?«

»Vielleicht ist es Ihnen endlich gefällig, einzutreten?« schrie der Engel.

»I kumm scho«, knurrte Angermayer, und er schob sich langsam durch die Gaffer hindurch, die erstaunt über sein Zögern die Köpfe nach ihm umdrehten, und die noch überraschter waren, als sie der Genosse ihrer künftigen Freuden mit groben Ellenbogen beiseite schob.

»Da bin i. Desweg'n brauchen S' do net so plärr'n«, sagte der Sekretär zum Engel, der den merkwürdigen Gast mit leuchtenden kugelrunden Augen maß.

»Ich habe dich mindestens dreimal gerufen«, sprach er dann mit leisem Tadel.

»Vo mir aus sechsmal«, erwiderte Angermayer mit einer im langjährigen Schalterdienst erprobten Grobheit, und er setzte beinahe feindselig hinzu:

»Für de Arbeit wer'n Sie wahrscheinlich zahlt wer'n.«

»Dein Ton ist ungehörig«, sagte der Engel. »Hier ist ganz und gar nicht der Ort für solche Äußerungen, mein lieber Angermayer.«

»I bin net Eahna Liaber, verstengen Sie mich! Und d' Säu hamm ma aa no net mitanand' g'hüat. Und drittens bin i der königlich bayrische Sekretär, des mirken S' Eahna!«

»Das bist du gewesen! Und jetzt bist du eine Seele, und sonst nichts, und hast dich in die Hausordnung zu fügen.«

»Wo is denn Eahna Hausordnung? Wenn Sie a Hausordnung hamm, nacha schaugn S' zerscht, daß de Kinder net so umanandrolz'n und lassen S' de Schlawiner da d' Füaß wasch'n. Dös waar a Hausordnung, verstengen Sie mich, und dena können S' was vazähl'n von Eahnara Hausordnung, aba net an königlichen Sekretär, der wo seiner Lebtag g'wißt hat, was si g'hört …«

»Ja, Michael!« rief es ungeduldig von drinnen.

»Gleich!« erwiderte der Engel und schob mit einer im Himmel sonst nicht üblichen Energie den streitsüchtigen Sekretär in das Paradies hinein.

Jeder andere wäre geblendet gewesen von dem schier undenkbaren Glanze, der hier strahlend ausgebreitet war, und jeder andere hätte verzückt dem unbeschreiblichen Wohllaute der in der Ferne singenden und musizierenden Engel gelauscht.

Allein Angermayer hatte sich schon von allem Anfang vorgenommen, hier nichts so übermäßig schön zu finden, und dann war er von Natur nicht überschwenglich, und dann war er noch verbittert durch seinen Streit mit dem Erzengel.

Also blickte er mürrisch darein und schnitt ein Gesicht, das deutlich fragte:

»Is dös all's?«

Vor ihm saß inmitten von schön gelockten Engeln ein unglaublich gütig lächelnder Greis, der eine dunkelblaue Toga trug, in welche goldene Schlüssel eingesteckt waren.

Es war der heilige Petrus, der unserm Angermayer nunmehr

freundlich zunickte und sagte: »Da bist du, mein Sohn! Sei willkommen in unserem Reiche!«

»Was sagst du?« fügte er bei, da der Sekretär etwas vor sich hin murmelte.

»Mi hätt'n S' scho no a Zeitlang drunt lass'n kinna. Es hätt ma gar net pressiert«, wiederholte dieser, und seine griesgrämige Miene wollte sich nicht aufhellen.

»Aber, Martin!« rief der Apostel, »du bist der erste, der an dieser Stelle nicht vor Freude jauchzt.«

»Mit'n jauchz'n hab' i's überhaupts net, und i waar froh, wenn i drunt mein Grüabig'n hätt'.«

Petrus wandte sich lächelnd an die Engel, die neben ihm saßen.

»Seht da, ein Münchner, der sich erst an den Himmel gewöhnen muß!«

Und ernster sagte er zu Angermayer: »Nun geh' und freue dich und bedenke, daß manches in deinem armseligen Leben Strafe verdient hätte. Aber es ist dir Mitleid erwiesen worden.«

Der Sekretär merkte am Tone, daß der Heilige als Vorgesetzter gesprochen hatte, und er schwieg.

Ein lebhafter Jüngling mit hüpfendem Gange, der genau so aussah wie einer aus der Schwabinger Stefan-George-Gemeinde, faßte ihn bei der Hand, indem er in singendem Tone sprach:

»Komm, seltsamer Geist, ich will dich führen.«

In dem Postsekretär regte sich wohl sogleich die grimmige Abneigung gegen die Art seines Begleiters, aber er war zu niedergedrückt, um die rechten Worte zu finden, und er schritt griesgrämig und schweigsam neben dem Engel einher.

Der wurde nun gesprächig und erklärte dem Neuling die Grundidee des paradiesischen Lebens.

»Du mußt wissen«, sagte er, »daß hier alles auf unendliche Fröhlichkeit gestimmt ist. In den obersten Regionen, wohin wir ja nicht gelangen, befinden sich die erhabenen Geister, welche in fortlaufenden Gesprächen ihrer unbeschreiblichen Freude Ausdruck verleihen. Die Heiligen befinden sich in Verzückung, die Engel musizieren, und du hörst ja die erhabenen Klänge des Konzertes, wir andern aber, zu denen du nun auch gehörst, bilden die Heerschar der Seligen, und wir haben die Aufgabe, nach unsern bescheidenen Kräften den Eindruck des höchsten Glückes hervorzubringen.

Zu diesem Zwecke erhält jeder eine Harfe.

Ich führe dich jetzt zu unserm Obersten, dem Engel Asrael, welcher sie dir verabreichen wird.«

»Was tua denn i mit a Harpfen?« unterbrach ihn Angermayer sehr unwirsch.

»Du mußt frohlocken«, sagte der Begleiter.

»M-hm, ja! Is scho recht!« Weil i gar so guat aufg'legt bi, und überhaupts – i ko gar net Harf'n spiel'n – –«

»Du mußt nur in die Saiten greifen – siehst du, so ...« Der lebhafte Jüngling nahm sein Instrument, das an einem rosaroten Bande über seine Schulter hing, und klimperte ein wenig.

Dabei hüpfte er im Takte abwechselnd einige Male auf dem rechten und linken Fuße nach vorne und sang mit näselnder Stimme: »Ha-a-lä-ä-lu-u-jah ... Ha lalala – ha lälälä-u-u-ha-ha! ...«

Er hielt inne und blickte den Sekretär lächelnd an.

Der machte ein Gesicht, als wenn er saures Bier getrunken hätte.

»Wia hoaßt ma dös?«

»Das ist das Frohlocken der Heerscharen«, antwortete der Jüngling.

»Und Sie glaub'n«, sagte Angermayer, und ein bitterer Hohn spielte um seine Mundwinkel, »Sie glaub'n, daß i bei sowas mittua? I? Dös könna S' Eahna 'a denk'n, daß i umanandhupf wia r'a spinneter Hanswurscht ...«

»Deine Sprache ist rauh«, erwiderte der Jüngling, »und dein Antlitz zeigt weder Ruhe noch Glückseligkeit, aber bald wird Harmonie dein Wesen verklären ...«

»De Sprüch mag i«, antwortete der erbitterte Postsekretär, und nach einer Welle fügte er hinzu: »Sie, passen S auf, was san denn Sie früher g'wes'n?«

»Was ich ...?«

»Ja, was Sie bei Lebzeit'n g'wen san?«

»Ach so, als ich noch auf Erden wandelte?«

Und als Angermayer nickte, überflog ein seliges Lächeln der Erinnerung die Züge des langgelockten Jünglings, und er flüsterte mehr als er sprach: »Ich war Lehrer für rhythmische Gymnastik und harmonische Exterikultur.«

»Was is dös?« brummte sein Begleiter, »dös versteh' i net.«

»Ich lehrte die Jugend, sich rhythmisch bewegen und ...«

»Jetza!« schrie der Sekretär, »i hab ma's do glei denkt! A Schlawiner, a Tanzmoasta! Und von Eahna soll i was lerna, Frohlock'n oda so an Schmarrn? Jetzt hamm S' Zeit, daß Eahna verziahgn, sunst nimm i Eahna d' Harpfen und schlag Eahna umanand damit ...«

Der Jüngling entfloh mit einem Schreckensruf und ließ Angermayer allein zurück, mitten in einer Asphodeluswiese, auf die er sich nun hinsetzte, voll innerlichen Zornes über das Schicksal, das einen königlichen Sekretär dazu brachte, nackend im Grünen zu weilen.

Er starrte grimmig vor sich hin und überdachte die Möglichkeiten, von hier zu entrinnen. Da sich ihm keine zeigen wollte, und da er sich immer mehr darüber klar wurde, daß seine Versetzung in diese Gegend eine definitive wäre, bestärkte er sich in dem Entschlusse, jede Zumutung abzulehnen, die mit seinem Charakter, seinen Neigungen und vor allem mit seiner Beamteneigenschaft nicht in Einklang...

Er wurde in seinem Gedankengange unterbrochen.

Zwei riesige Engel ergriffen ihn, jeder bei einem Arm, und entführten ihn so schnell und gewaltsam, daß seine Füße den Boden kaum mehr berührten.

Aber seltsam!

Angermayer empfand gegen diese Begleiter weit weniger Widerwillen als gegen jenen sanften Jüngling, und die Gestalten, die Gesichter, die Manieren dieser ungefügen Geister muteten ihn beinahe vertraut an, so daß er trotz der rasenden Schnelligkeit, mit der er vorwärts getrieben wurde, in höflichem Tone zu fragen versuchte:

»Sie entschuldig'n...«

»Halt's Mäu!« schrie der Engel zur Linken.

»Jegerl! A Landsmann!« rief der Angermayer erfreut und machte einen Versuch, stehen zu bleiben, aber er wurde mit unwiderstehlicher Gewalt fortgerissen, und so keuchte er atemlos: »Geh, sag'n S' mir doch, wo S' hersan?«

»Wennst d'as schon wiss'n willst«, brüllte der Engel zur Rechten, »mir war'n Klosterhausknecht in Andechs...«

»Jessas, Andechs!« jauchzte der Sekretär, und wunderkühle Nachmittage hinter den Maßkrügen des Bräustüberls fielen ihm ein, und er schnalzte unwillkürlich mit der Zunge.

»Und an Backsteiner und an Radi!« setzte er die Reihe der seligen Erinnerungen fort.

Mit wie wenig kann ein Mensch doch glücklich sein, und zu was brauchte man ein solches Paradies, wenn man es auf Erden hatte!

Sein Herz fühlte sich hingezogen zu diesen groben Geistern.

»Was teat's denn mit mir, Leuteln?« fragte er beinahe zärtlich.

»Mir geb'n da nacha scho d' Leuteln!« sagte der Engel zur Linken.

»Außi schmeiß'n tean ma di«, rief der Engel zur Rechten.

Und kaum waren ihm die Worte entfahren, so fühlte sich Angermayer von einem heftigen Wurfe einige Stufen abwärts geschleudert mit dem Kopfe in gefrorenen Schnee fahren, und tausend Sterne flimmerten vor seinen Augen. Ein Tor fiel donnernd hinter ihm zu. – – Er erwachte von dem Falle und der kühlen Luft, die um ihn strich. Er rieb sich die Augen und sah an sich hinunter mit entzücktem Erstaunen, denn er war bekleidet, und er sah um sich und erkannte den lieben alten Rathausturm, dessen beleuchtete Uhr die dritte Morgenstunde zeigte.

Da merkte er froh, daß er im Bräuhause eingeschlafen war und alles nur geträumt hatte, bis auf den Hinauswurf.

Der war erlebte Wirklichkeit.

Oskar Panizza
Die Wallfahrt nach Andechs
Ein oberbairisches Sittenbild

>»Popery: a system to operate upon men's weaknesses and passions and thereby to pick their pockets.«
> Sterne

Es war an einem der letzten regnerischen Apriltage dieses Jahres, als ich, auf der Suche nach einem gastlichen Frühlings-Unterkommen in den bairischen Bergen, von *Hersching* am Ammersee in einem Kahne nach *Dießen* fuhr. Der See war ruhig; aber es rieselte in feinen Fäden fortwährend herunter. Schnur-Regen, glaube ich, nennt man das. Und bald mußte mein Führer, der, um besser ausgreifen zu können, den Rock ausgezogen hatte, diesen wieder anlegen. Es war einer jener flachsigen Männer, mit Augen wie *lapis lazuli*, von denen man das Alter so schwer taxieren kann, weil man nie weiß, ob es die Jugend- oder Alters-Fahle ist, die ihnen um die Stirn flattert. Er zitterte bei jedem Ruderschlag, wenn er die langen Stangen aus dem Wasser hob, und die Haut lag runzlig wie bei Schildkröten um die Handknochen. Und fortwährend pritschelte es auf die nackten Hautteile herunter und durchweichte schließlich den Mann vollständig. Sechzig Pfennig für die Stunde – dachte ich mir –; mehr hatte der Mann nicht verlangt; und diese Hunde-Arbeit! Wir befinden uns oft mit unserem Mitleid auf ganz falscher Fährte, weil wir etwas bewundern oder anstaunen, was unserem eigenen Können oder unserem Naturell so fern liegt. Die rauhe Arbeit, die er eben verrichtete, während ein Anderer faul und meditierend im Kahne saß, war ihm vielleicht das Einfachste und Selbstverständlichste, was er thun konnte. Ich betrachtete mir den Mann genau; es war ein wunderschöner Rundkopf, ein Brachy-Zefale, der Kopf kurz in den Schultern angewachsen; in den Augen und Augenbögen der eventuelle Trotz, wenn man ihm unrecht kommt; im Übrigen die Herzensgüte selbst; die hellen, bleichen Haare in die Stirne hängend; ein krauser, heller Schnurrbart, der wirr die dicken, gutmütigen Lippen bedeckte; und wenn er lachte, und auch bei der Anstrengung, der viereckige, kindliche, dalkete Mund mit den festen, biderben Zähnen. Ich wußte schon längst, schon als ich den Fischer aus seiner Behausung holte, daß genau der gleiche Typus, der Abklatsch von ihm, in München lebte, den ich sehr gut kannte, und mit dessen Charakter ich vollständig vertraut war. Es war ein Musikprofessor, der im Norden wie im Süden durch sein seelenvolles, markiges Spiel berühmt ist. Jetzt kam mir der Gedanke: wenn man unsern Fischer in das Münchener Museum-Konzert schickte, und zeigte ihm sein Ebenbild auf einem Flügel von Blüthner die gewagtesten Kapriolen schlagen, und sagte ihm nach einer Stunde, der Mann bekomme fünfhundert Mark, ich glaube, er gienge stöhnend vor Mitleid von dannen, und erklärte, lieber um sechzig Pfennig über den Ammersee zu fahren und aller schwarzen Fräcke und weißen Krawatten überhoben zu sein. – Wie alt sind Sie? frug ich, und erwartete etwas zwischen sechzig und siebzig. – »Vierzig Jahr'.« – Jezt erkannte ich am Gesicht, wie sehr ich mich durch die hellen Flachshaare hatte anführen lassen. Denn das Gesicht war, obwohl abgearbeitet, kräftig und jung. –

Wir waren jezt auf der Mitte des Sees, und der Regen, der oft in ein schwadiges, dampfiges Nebelreißen überging, zitterte noch immer dünnschnurig hernieder. Ich war daher nicht wenig erstaunt, plötzlich in der Ferne, bei diesem Wetter, an einem Werktag, eine Reihe von großen, schwarzen Kähnen auftauchen zu sehen, die wie Riesen-Särge stumm und lautlos über die Wasserfläche, wie über den Acheron, glitten, und in direkter, querer Richtung dem andern Ufer zustrebten. Es saßen wohl Lebende drin: sie hatten die Schirme aufgespannt und saßen ruhig und unbeweglich. Jezt kamen noch mehr; fünf! sechs! Bald ein ganzes Dutzend. Es waren große Trajekt-Boote mit zwei Ruderern, die zwischen 12 und 15 Personen fassten. Und es mochten zwischen 150 bis 200 Menschen sein, die da hinüber schwammen. Ich avertirte meinen Fährsmann, der ihnen den Rücken kehrte, da sie von *Dießen* herüber kamen. Er schaute kurz um und sagte dann: »Des sin Wallfahrer. Die geh'n 'nüber nach *Andechs*. Jetzt gehts an, um Georgi, und dauert den ganzen Sommer bis Micheli.« – Und schmunzelnd fügte er hinzu: »Unsereins kümmert sich nix um die Stach. Das is die Weiber ihr Vergnügen.« – Und nach einer Pause meinte er: »No, 's is auch wieder gut für 'was; verdienen die Fischer wenigstens a bisl a Geld.« – Ich hatte mich gehütet, durch irgend eine Bemerkung die Ansichten meines Fährmanns zu dämpfen oder zu fördern. Aber die Sache war mir doch durch den Kopf gefahren. Wie wir die Sitten und profanen Anschauungen eines Volkes, unter dem wir leben, als die unverrückbare Basis der Lebensgewohnheiten auch der Bürger und Städter in höheren Kreisen gelten lassen müssen, so sind die religiösen Gebräuche einer Bevölkerung der unvermeidliche Ausgangspunkt jeder geistigen und transzendentalen Spekulation. Eine Bevölkerung, die weiß, daß sie gegen Geld oder ein paar abgelaufene Schuhsohlen vom schwersten Verbrechen, auch von einem solchen, das der weltliche Richter gar nicht eruiert hat, Verzeihung erlangen kann, muß auch in ihren hervorragenden Köpfen, die Minister und Räte werden, eine andere geistige Spezies erzeugen, als eine Bevölkerung, die weiß, daß es für eine verfluchte Tat keine Rettung gibt – außer dem seelischen Prozeß. – Ich beschloß also, eine dieser Wallfahrten mir genau anzusehen.

Etwa vierzehn Tage später, am Pfingstsonntag, saß ich, schon seit mehreren Tagen installirt, in der großen, geräumigen Klosterbrauerei, dem ehemaligen Augustiner-Kloster, auf der Höhe von *Dießen* prachtvoll gelegen, und weithin auf See und Gebirge Aussicht gewährend. Man riet mir, wenn ich die Vorgänge beim »Bittgang« oder der Wallfahrt genau kennen lernen wolle, mich gleich an die Wallfahrer anzuschließen; zumal kein Schiff so rechtzeitig gieng, um mich an das andere Ufer, auf dessen Höhe *Andechs* lag, zu einem Zeitpunkt hinüberzubringen, daß ich gleichzeitig mit den Bittgängern auf der Klosterhöhe eingetroffen wäre. Dieser Gedanke gefiel mir gleich. Auf die religiöse Walze! dachte ich. Und: man soll nichts beschreiben, was man nicht ganz genau kennt. Den folgenden Tag »giengen« die *Dießener*; später kamen die *Landsberger* (Landsberg am Lech) und noch fünf oder sechs kleinere Gemeinden aus der Umgegend. Es »kamen« also, wie man sich ausdrückt, »sechs bis sieben Kreuze zusammen«. »Kreuz« ist jene meist aus *einer* Gemeinde stammende Zahl von Bittgängern, die sich unter *einer* Fahne oder Kreuz unter Begleitung oder Führung eines Geistlichen versammelt. Es konnte also ein reges Treiben für diesen Pfingst-Montag auf dem »heiligen Berg« oder *mons sanctus* von *Andechs*, wie er offiziell heißt, erwartet werden. Pfingstmontag ist noch immer ein »guter Tag«; und der Ablaß recht wirksam. Aber lange nicht so gut, wie die drei Tage um Himmelfahrt. An diesen drei Tagen kann von jedem Altar der Klosterkirche gegen M 1.– eine Seele aus dem Fegefeuer erlöst werden. Man läßt eine Messe lesen, und die Seele »steigt unverzüglich« – wie es auf einer Altarschrift in St. Peter in Rom heißt – aus dem Fegefeuer. Dieses wertvolle Privilegium in *Andechs* datiert aus dem Jahre 1772 und vom Papst Clemens XIV.[1] Natürlich drängt und drückt sich das Volk zu diesen transzendentalen Feuerlösch-Anstalten. Allein an diesen drei Tagen kommen 106 Gemeinden aus der entferntesten Umgegend; bis von Augsburg und München, – insgesamt kommen während des Sommers regelmäßig und unter Einhaltung ihrer bestimmten Tage, vom 23. April (Georgi) bis 29. September (Micheli) 170 Gemeinden oder »Kreuze«.[2] Ich bitte nur dringend, hier die Gedanken nicht lang in falsche Fährten zu leiten. Man rechne nur minimum auf jede Gemeinde 300 Köpfe – aus München und Augsburg kommen Tausende; aus den Landgemeinden gehen fast 70% mit – und rechne auf den Kopf an Ausgaben für Opferstock, Heiligenbilder, Rosenkränze, heilige Schnitzereien, Drucksachen sowie für Speise und Getränke nur M. 1.– so erhalten wir aus diesen 170 Gemeinden M. 51,000, wovon, bei einem Netto-Gewinn von minimum 50%, M. 25,000 als sommerliches Fixum für das mit 3 bis 4 Patres und einigen Laienbrüdern besetzte und selbst reich dotierte Kloster; ohne das Fegefeuer-Geld, welches gänzlich unberechenbar ist, und, abgesehen von dem Abwägen der Messgeräte und dem Aufzehren der Hostie, voll und ganz in die Klosterkasse fließt. Vor der Säkularisation im Jahr 1803 (Ludwig I. stellte 1850 das Kloster wieder her) betrug gar die Zahl der wallfahrenden Gemeinden 328.[3] Und nun mag man ermessen, was hier für Summen dem Volke seit Jahrhunderten entzogen wurden, und mag begreifen, daß der Klosterschatz 76 silberne Monstranzen, 28 silberne Büsten und für die Hauptreliquie – drei heilige Hostien – ein 20 Pfund schweres silbernes Gehäuse besaß und heute noch besitzt.[4] Und nun nehme

---

[1] Chronik von Andechs von P. M. Sattler O. S. B. Donauwörth 1877. pag. 638f.
[2] Das Büchlein vom heiligen Berge Andechs. Auszug aus der Chronik des P. M. Sattler. Donauwörth 1894. p. 99–100.
[3] Chronik von Andechs. p. 806.
[4] Chronik von Andechs. p. 772.

man hinzu, daß alle diese Gemeinden zu Hause ihre volle seelsorgerische Pflege besitzen; und daß alle diese Fegfeuer-Spaziergänge eigentlich nur Luxus-Wanderungen sind, unternommen, weit entfernt aus transzendentalen Absichten, vielmehr wie wir bald sehen werden, aus höchst irdischen Rücksichten. Und erwäge, daß es eine Masse solcher *montes sancti*, solcher feuerspeiender Berge, in Baiern und im übrigen Deutschland gibt. Und versuche zu eruiren, was aus diesen Feuer-Essen an geschmolzenem Metall über die Alpen nach Rom wandert, denn solche Privilegien für Eine-Mark-pro-Seele-Altäre läßt sich der heilige Vater – o grundgütige Barmherzigkeit! – teuer bezahlen. Und dann komme man zum Schluß, daß die Drei-Einigkeit der katholischen Kirche heißt: Geld, Geld, Geld. Und diese Drei sind allerdings Eins.

Ich stand am Pfingstmontag um vier Uhr auf. Der Pfarrhof mit seiner stolzen Kirche liegt nur wenige Schritte von mir entfernt, faktisch angebaut an mein Gebäude, das ehemalige Augustiner-Kloster, wo, wie ehedem geistliches, jezt profanes Bier gebraut wird. Der Glockenturm, der, wie ein italienischer Campanile, fast frei neben der Kirche steht, ließ seinen Lockruf erschallen. Und bald kamen von allen Seiten die ungekämmten, ungewaschenen, knapp dem Bett entkrochenen Gestalten, Männlein und Weiblein, das Gebet-Holz in der Hand, in der Rechten den Regenschirm, herbei, um sich zu mustern, sich vor der Kirche aufzustellen, und auf den Eintritt zu harren. Ich eilte, mein Frühstück einzunehmen. Ich weiß nicht, ob der Bittgang nüchtern angetreten wird. Aber jedenfalls wird er nicht nüchtern beendet; sondern meist schwer betrunken; und vielfach im Straßengraben. Die Zeremonie des Fahne-Abholens, des Einsegnens und des An-die-Spitze-Tretens des Kaplans, als Vorbeters, muß ziemlich kurz gedauert haben, denn als ich heraustrat, bemerkte mir der treffliche Bräumeister des Klosterbräus, der Zug passiere bereits die untere Markt-Kirche, wo soeben »eingeläutet« werde, und wies mir den nächsten Weg, um ihn einzuholen. Noch einige Weiber mit breitspuriger, wilder Gangart kamen hinter mir, die sich auch verspätet hatten. Die Direkzion des Zuges war um die Südspize des Sees herum, durch den Ort *Fischen* und dann durch den Wald auf die Höhe des Klosters. Es war der erste schöne Tag nach langen Regengüssen. Der Boden aber kothig und schmierig. Schon aus der Ferne, als ich eben *Dießen* hinter mir, aber noch lange nicht den Zug erreicht hatte, hörte ich das bleierne, dumpf klappernde plärrende Geräusch des Unisono-Betens. Und als ich noch näher kam, vernahm ich die eigentümliche Betonung, wie sie Ortssprache und ökonomische Behandlung des Bet-Materials mit sich bringen: »... *bitt* für uns *arme Sün-därr, jätzt* und in *därr* Stunde des Absterbens, Amen.« Die Massen- und Repetier-Gebete in der katholischen Kirche nehmen zu der Sprache der übrigen gottesdienstlichen Handlungen dieselbe Stelle ein wie der Dialekt zur Schriftsprache; d. h. sie entwickeln sich lautlich nach dem Gesetz des geringsten Widerstandes; und Rhythmik und Betonung des bekannten »*Gä*-grüßt *saist* du Marea, du *best* voller Gnaden...« ist schließlich das Resultat einer Kiefer-Ökonomik mit Rücksicht auf Massenbewältigung. Die Leute marschierten in zwei Reihen, rechts und links von der Straße; der Zug, den ich jetzt eben im Begriffe war einzuholen, bestand nur aus Weibern; und während die eine Seite immer ihr »*Gä*-grüßt...« intonirte, respondirte die andere mit »*Hailige* Marea...« bis zum Schluß »Stunde des Absterbens, Amen!« unaufhörlich, gurgelnd, wie ein rauschender Wasserfall, den man zuletzt nicht mehr hört.

Ich muß hier mit Rücksicht auf Ihre vielen protestantischen Leser, und selbst auf die Gefahr hin, Bekanntes zu wiederholen, einige Worte über das Gebetholz sagen: Der Rosenkranz wurde im Jahre 1206 durch den heiligen *Dominikus* auf Grund einer besonderen Offenbarung der allerseligsten Jungfrau eingeführt, und soll »unzählige Bekehrungen von Sündern und die wunderbarsten Triumphe über die ketzerischen Albigenser« (die sämmtlich auf Anordnung des Papstes totgeschlagen wurden) erreicht haben.[5] »Führe den Rosenkranz ein«, hatte ihm die allerseligste Jungfrau gesagt – und er wird das Mittel für soviele Übel sein.[6] Dieses Gebetholz besteht für die Meisten (die nur den kleinen Rosenkranz haben) aus fünf sogenannten Dekaden oder Gesetzen zu 10 Perlen; und jede Perle ist ein Ave-Maria; der ganze Kranz besteht also aus 50 bis auf die letzten Worte völlig gleichlautenden Gebeten, die mit möglichster Geschicklichkeit und Geschwindigkeit gesprochen werden sollen. Denn da die Jungfrau Maria schon bei der zweiten Perle *hört*, daß es sich um dieselbe Sache handelt, so ist es ihr ebenfalls um Massen-Wiederholung zu tun. Nach jeder Dekade kommt aber noch ein Vaterunser, und außerdem befindet sich am

---

[5] *P. A. Maurel*, Priester der Gesellschaft Jesu, Die Ablässe und ihr Gebrauch. 5. Aufl. 1884. Paderborn. F. Schöningh. Mit Genehmigung der geistlichen Obrigkeit. 5. Abschnitt, pag. 228.
[6] a. a. O. – Wir bitten hier Landwirte, und auch Börsenmänner, die mit Einführung der neuen Börsensteuer so große Schwierigkeiten gefunden haben, um ihre gespannteste Aufmerksamkeit.

Anfang, oder am Schluß der Schnur noch eine Berloke mit drei Perlen, die eine kurze Sentenz über Glaube, Liebe und Hoffnung – o Glaube, Liebe und Hoffnung! – enthalten, und erst wenn dies Alles komplett durchgebetet ist, ist ein Rosenkranz vollendet. Damit aber haben diese Leute noch schrecklich wenig erreicht. Denn ein Rosenkranz ist unendlich wenig in der Wert-Schätzung der katolischen Kirche, und in seinem psychischen Äquivalent in Fegfeuerstrafen. Der *große* Rosenkranz – wie ihn Professions-Beter tragen, Mönche, Klosterschwestern – hat 15 Dekaden, also 150 Perlen oder »Gägrüßt *saist* du Marea!« ohne die Vaterunser und Anhängsel; mit ihnen kommt Einer vielleicht bis nach *Andechs*; aber noch entfernt nicht in den Himmel. Vielleicht finde ich später einmal Zeit, eine kleine Studie: über den Unterschied zwischen den indischen und chinesischen Gebetsmaschinen und dem katolischen Betholz, zu schreiben; und namentlich auch dabei die Frage über die autohypnotische Wirkung dieser Instrumente zu beleuchten.

Entschieden glaube ich jetzt schon aussprechen zu können, daß in Bezug auf diese auto-suggestive Wirkung durch die rhythmische, gleichförmige, monotone Bewegung der Finger, Kiefer, Kaumuskel und Betonung des Silben-Materials das katholische Gebetholz vor den buddhistischen Maschinen den Vorzug verdient.

Während ich so zwischen den Weibern auf der schmutzigen Straße dahinwandelte, eingelullt durch die Ketten öliger Ave Marias, die wie *Toorop'sche* Wellen-Linien mir das Ohr umbrausten, kam ich, die eigentliche Psyche nicht abgelenkt sondern angeregt findend, zu eigentümlichen Betrachtungen. Die Weiber hatten alle die Röke hochgeschürzt und den Blik, der frommen Situazion angemessen, zu Boden geheftet, und so sah ich nichts wie Menschen-Endigungen und Extremitäten. Und ich kam wieder auf meine alte Liebhaberei, die wir Deutsche so gern betreiben, auf die Einteilung der Menschen. Und da ich nicht nach vordern Qualitäten einteilen konnte, so teilte ich nach hintern und unteren ein: da war das geringelte, zebra-gestreifte, braun- und grün-gefärbte, wie eine Säule endigende Kindsfuß- oder Hebammen-Bein, in Scheulederdicken Fußkacheln dahin wandelnd, wie eine Straßen-Walze Alles zerknirschend und breitdrückend. Dort ging der kielförmig gebaute, dünnknöchelige, in unentwegt weißen Strümpfen steckende, schmuzbespritze Wäscherinnen-Fuß, von dünnlederigen Schlappen hatschend gefolgt. Hier das zaunstekendürre, weder Kiel noch Buchten aufweisende, mit logischer Gleichheit nach oben strebende, selten gezeigte, bräunlich überzogene Alt-Jungfern-Bein.

Und dort drüben – eine *rara avis* auf dieser Straße – das zierliche, schlank sich hebende, in allen Dimensionen maßvolle, schwarzbekleidete Ballfüßchen, von dünnen, ausgeschnittenen Lederpantöffelchen bekleidet, und wohl im Besitz des Lehrertöchterleins oder einer frommen, besseren Verwandten aus der Stadt. – Und nun erst die Röke, besser gesagt die Unterröcke: hier der längsgestreifte, dort der gewellte, hier der getüpfelte, dort der aschgraue, da der wollenbesetzte, dort der schmählich endende, der zerfranste, der geflickte, der gestückte, der gesäumte, der undefinirbare...aber dort vorn, weithin leuchtend, der wollige, oft mit einer schwarzen Borte eingelassene, über Alle obsiegende, der scharlachrote, der König der Unterröke, das Herrscher Gebiet des roten Königs. Und zu diesen Menschen-Endigungen, Röken und Füßen die dazugehörigen Seelen zu konstruiren, kann für den, der einige Erfahrungen in der Beurteilung solcher Bruchstüke besitzt, nicht mehr allzu schwer fallen. –

Ein neues, merkwürdiges Geräusch schrekte mich aus meinen Betrachtungen auf. Der Weg machte hier eine Biegung: und die Spitze des Zuges passirte eben ein kleines Gehöft, von dessen ersten Häusern das helle Skandiren der vordersten Bet-Kolonne rekorschirte und zu uns herüberdrang. Es klang, als wenn man in einem zinnernen Kessel mit einem Eisenbesen Eiweiß zu Schnee schlägt, so bizelnd, klirrend, kichernd und helllärmend kam's herüber; und gemischt mit den dunkeln Asphalt-Tönen unserer *Arrière*-Garde gab es einen merkwürdigen Effekt. Ich konnte jetzt den ganzen Zug übersehen. Zuvorderst ein Trupp Weiber, dann mit einer Distanß von zehn Schritt ein Trupp Männer, der aber doppelt so groß war und in dessen Mitte der Kaplan und der Fahnenträger marschirten; und zum Schluß, wieder getrennt, ein Trupp Weiber, an dessen Ende ich, noch immer als Zuspät-Gekommener geltend, marschirte, vollbeschäftigt mit Gedanken, und der Situazion Rechnung tragend, *chapeau bas*, mit abgenommenem Hut. Ich benutzte die Gelegenheit, den Zug zu zählen. Die Hälfte der einen Seite der Männer: ca. 40; die ganze eine Seite 80; die sämmtlichen Männer 160; die zwei Weiber-Kolonnen zusammen vielleicht um die Hälfte mehr als die Männer, also 240; alles zusammen ca. 400. Ich hörte aber später, daß es über 500 waren. Dazu kommen noch etwa 3 bis 400, die es vorgezogen, im Laufe des Tages den bequemeren und direkteren Weg über den See per Dampfschiff oder *Trajekt-Boot* zu nehmen. Das wären also zusammen etwa 850 allein aus *Dießen*. Dießen hat 1700 Einwohner. Dies gibt gleichzeitig einen Begriff von der Beteiligung hiesiger Gemeinden; wobei nur in Betracht kommt, daß dieser Ort bei seinem reicheren Verkehr mit der Hauptstadt und mit den Fremden aufgeklärtere Elemente birgt, die diesen Veranstaltungen fernbleiben.

Zwei Velocipedisten holten uns ein. Sie fuhren bis dicht an das Ende des Zugs. Dann überlegten sie einen Moment. Die Mitte der Straße, die ihnen allein übrig blieb, war mit Steinen aufgeschottert. Und dann war es eine gewagte Sache mit einem so profanen Vehikel, kopfbedeckt, durch diese Reihen der Beter zu fahren. Sie stiegen also ab und schoben mit entblößtem Kopf ihre Räder weiter. –

Ich dachte nun auch daran, vorwärts zu kommen und mich zu den Männern zu gesellen; schon um keine unnötige Aufmerksamkeit zu erregen; und dann ein wenig zu erfahren, was da vorne vorgehe. Ich passirte also auf der Mitte der Straße den ganzen Weiberzug. Ein ganzes Orchester schlug an mein Ohr. Von der feinen jugendlichen Flöte bis zur ranzigen Bass-Klarinette. Gegen den kolossalen, tausendjährigen Ritmus kam auch meine Seele nicht auf. Ich lief geknebelt, gebunden, wie ein dummes Schaf, durch die riesigen Käuer hindurch. Es war rein der akustische, ritmische Effekt, der mich erstickte. Ich erinnerte mich an die Zeit meines Einjährig-Freiwilligentums, wo ich, innerlich angeekelt, auch jenem Moment mit Heftigkeit widerstrebte, der mich, nachdem ich beschimpft und gestoßen worden, auf billige Weise zu versöhnen gedachte, der Militärmusik. Aber ich unterlag. Dort wie hier. Und so lange die Militärmusik spielte, war ich *nolens* ein guter Soldat. –

Oft wante sich eines der Weiber, um zu sehen, wer hinter ihr auf den knirschenden Steinen dreintappe, nach mir um, und brüllte mir ihr »... *Sündärr* ...«, oder »... jetzt und in *därr* Stunde ...« mit zorniger Sicherheit entgegen. Es lag ein gewisses Eschoffment, eine gesteigerte, fieberhafte Hitze in diesen Kehlen und auf diesen Gesichtern; eine Erregung, wie sie die hundert- und aber hundertfache Wiederholung derselben Formel mit sich bringt, wobei die Sinne taub werden, das gesprochene Wort nur mehr einen mechanischen Wert erhält und die Ritmik nicht länger im Gang bleibt, als der Speichel vorhält, ein Zustand, den die Derwische bei ihren *Gebetsübungen* mit voller Absichtlichkeit und bis zur Erschöpfung herbeiführen; den aber unsere abendländischen Beter, ohne anderes zu beabsichtigen, nur bis zu einer gewissen Steigerung erreichen. Aber ich bin sicher, daß, wenn in einem solchen Moment ein unkluges kezerisches Wort fallen, ein unvorsichtiges Kommando gegeben würde, diese Weiber blindlings sich auf ein supponirtes Angriffs-Objekt stürzten.

Ich hatte jetzt den hintern Zug fast vollständig passirt; und war froh, wieder in etwas freiere Atmosphäre zu kommen. Vor lauter »Frucht Deines Leibes«, »unter den Weibern«, Jungfrau – empfangen hast«, »Jungfrau – getragen hast«, »Jungfrau – geboren hast«, und dies, wie durch einen hundertfach fassetirten Reflex-Spiegel, in's Unendliche wiederholt, war ich ganz tappig geworden, und ein unangenehmer Geschmack war in meinem Mund. Die alten Gebär-Haus-Gerüche stiegen in mir wieder auf und ich kam mir vor, wie Einer, der aus einer Hebammen-Schule tritt. Wie voller Sexualität – sagte ich zu mir selbst – stekt doch diese Religion! Und wie begreiflich, daß die Weiber so zäh an ihr halten! Hier handelt es sich um ihre eigene Sach. Und hier können sie ihre geheimen Bettgeschichten und bakofenwarm gehaltenen Windel-Gedanken offen auf der Landstraße laut herausplärren. – »Gebenedeiet unter den Weibern!« – Ja, da denkt jede zunächst an sich selbst! – Und wie begreiflich andrerseits, wenn die Männer von dieser weiblichen Religion sich bald abkehrten. Kann man, da gerade dieses sexuelle Gebet, das Ave-Maria, fast das einzige Gebet der katholischen Kirche ist, um das sich Alles Andere dreht, einem gesunden Mann zumuten, ein und dieselbe geschlechtliche Phrase hundert und tausendmal im Tage zu repetiren?!

Ich war jetzt dicht an die Männer herangekommen, und hatte sonach die kleine Distanz, die die Spize der Weiberkolonne von dem Schluß der Männerabteilung trennte, ebenfalls eingeholt. Ich gedachte hier zu bleiben. Denn von hier konnte ich die Vorgänge in beiden Zügen beobachten. Vorne marschierte, mir jetzt sichtbar, der Kaplan, und der Fahnenträger, dessen mühsame Aufgabe darin bestand, den hochgestekten, roten Wimpel unter allen Baumzweigen glücklich hindurchzubringen, und der von Zeit zu Zeit abgelöst wurde. Das Aufeinanderplatzen zweier Rezitations-Chöre an der Stelle, wo ich mich befand, erregte wieder meine ganz besondere Aufmerksamkeit: Derjenige, der zuerst den Vergleich des schnurrenden, plärrenden Wallfahrts-Gebetes mit Frosch-Gequake machte, war ein schlechter Musikant. Denn Erstens quaken die Frösche nicht sechs Stunden hindurch. Zweitens ist es unrichtig, zu behaupten, daß die Frösche bei ihrem Quaken nichts dächten. Drittens, und hier komm' ich auf das musikalische Gebiet, quaken die Frösche stets, harmonisch gesprochen, in Sekonden, oder gleich in Oktaven. Hier aber hörte ich, besonders in dem Weiberzug, deutliche Terzen, reine und verminderte, und besonders tadellose Quinten, jenes uralte, asketische Interwall der mittelalterlichen Kirche. Aber auch die Reihe der Ober- und Unter-Töne ist hier viel reicher; das muß man der menschlichen Stimme lassen. Und gar bei den Männern drüben hörte ich auf Augenblicke manchen prächtigen Quint-Sext-Akord. Mit dem Froschkarakter stimmte nur insofern überein, als auch hier ein lungenkräftigeres Fröschchen sein »riddeldididdeldidi« ganz erfreut und solo-sicher forterklingen ließ, während die baßstimmigen, ranzigen »röddeldöröddeldö röddeldö« der Hebammen und ungeschlachtigeren Chor-Weiber einen Moment aussezten, um die Klarinette auszublasen.

Nun aber, Leser, mache Dich gefaßt, Neues und Unerhörtes zu vernehmen, und setze Dich in Positur, damit Du nicht vom Stuhle fällst. Ich erwachte plötzlich aus meinen Träumereien und Erwägungen. Was war geschehen? Ich schaute um mich. Ich lauschte. Es war Alles still. Zum Aufschreien still. Der Rosenkranz war aus. Das Gebet zu Ende. Der Müller erwachte, als das rauschende Mühlrad stand. Ganz hinten zwar hörte ich ein blechernes Stimmchen sein »ribdeldiriddeldi« noch einen Moment fortspinnen; aber es schnitt plötzlich ab; bekam sozusagen Eine aufs Maul; merkte doch, daß es hier nichts mehr zu sagen hatte. Und nun gieng's hinter mir an: »Ah, Frau Nachbarn, sie ist aa da?« »Jessas d' Kramerin, hab mer scho alleweil denkt, wo s' san« – »Grüeß Gott! – Grüeß Gott!« – »Wo isch denn d' Wabern?« – »I weiß itta! (Ich weiß nicht)«[7] »Ah de schläft no im Bett; de isch a Fauln.« – In diesem Moment huschte etwas links von der Straße über die Wiese her. Eine Dirn schürzte ihre Kleider, wagte den Sprung – ein großer, hoher Graben trennte sie von der Straße – und landete glücklich auf dem äußersten Rand der Schoßee. Sie trug blendend weiße Strümpfe und Zeugstiefel. Es war das schönste Bein im ganzen Zug. »Jesses, d' Zensl kimmt aa no! – »Sauber!« sagte das Mädchen, und reihte sich lachend im Zug ein. Und nun begann das Weibergeschwätz und Kafebaserei, breitmäulig, seichtdumm, wie es die ganze Welt kennt. – Vorne, die Männer, waren noch nicht mit ihren Dekaden fertig; sie beteten ruhig weiter. Auf einmal hörte ich hinter mir das zornig gegebene Kom-

---

7 In *Dießen* stoßen die beiden Dialekte des Alt-Bairischen und Schwäbischen zusammen. Der Altbaier sagt »net« für »nicht«; der Schwabe »itta«. »I bin kei Zimmermann itta!« sagte mir diesen Morgen ein Mann, den ich bat, eine Bank zu reparieren. Aus »nicht« wird »nit«, um aber auf dem »t« genügend lang verweilen zu können, braucht er, zum Abgehen, ein Schluß-»a«; also »nitta«; nun ist aber das »n« ganz überflüssig geworden; also »itta«.

mando »Betten! Betten! – Schamts Enk!« – Und die gleiche Stimme, ein altes, giftiges Weib, zeterte mit einer gewissen Verbissenheit: »*Gägrüßt saist* Du Marea – Du *best* voller Gnaden – der *Härr* ist mit Dir – Du *best* gebenedaiet unter den Waibern – und gebene*daiet* ist die Frucht...« – aber es gieng nicht; die andern folgten nicht. Die Kiefern waren lahm; es fehlte der Speichel; die Muskel waren ausgedörrt. Die Alte blieb allein; und gab es bald auf. Aber zu meinem größten Erstaunen hörte ich nach kurzer Pause von der selben Stimme die scharf prononßirten Worte: »Gilt für Eins!« – in welches einige Andere etwas zu spät kommend, sogleich einfielen. Dann wieder Pause. Eine Viertel Minute. Und nun unisono fünf, sechs Stimmen: »Gilt für Eins!« Ich war starr. Offenbar wollte die kleine Gruppe die Zeit nicht unbenutzt verstreichen lassen, maß in Gedanken die Zeit für ein »Ave-Maria« ab, und gab dann mit dem rechnerischen Advertissement der allerseligsten Jungfrau einen Wink mit dem Zaunpfahl. – »Gilt für Eins!« – traf es jetzt wieder mit der Sicherheit einer Weker-Uhr zusammen. Mein Gott – rief ich – wie müssen die Leute ihre Göttin sich eigentlich vorstellen? – Nun mischen sich auch einzelne »Bitt für uns!« darunter. Aber immer unisono. Als wär ein Zeichen mit dem Regenschirm gegeben worden. Immer eindringlicher, immer intensiver, und immer zahlreicher, und wie eine Aufforderung klang es durcheinandergemischt »Bitt für uns!« – Nochmals eine Pause. – Und nun brach der ganze Chor, wieder frisch restaurirt, unisono, mit mächtiger Sicherheit, »Tritt gefaßt«, möchte ich sagen, wieder mit dem ganzen Gebet los: »*Gägrüßt seist* Du Marea ...« Und die Walze lief nun ruhig und tadellos weiter. Die Alte hatte doch Recht behalten. Die zähe Energie siegt immer.

Inzwischen hatte man aber bei den Männern zu beten aufgehört. Jezt waren *die* mit ihren Dekaden fertig. Alle bedekten sich. Dies war hier das deutliche Zeichen der Pause. Und die Ratscherei begann nun hier. Man plauderte über Alles Mögliche. Verlachte die hinten plärrenden Weiber: »Hört's jetzt no net auf?!« Man gukte nach hinten. Man gukte nach vorne. Einige liefen in die Wiese; stellten sich an Bäume, oder verschwanden hinter einem Heuschober. Einige Weiber benutzten auch die Gelegenheit. Mit einem »... Stunde des Abstärbens...« sprang die Eine über den Graben und suchte sich einen Weidenbusch. Andere rannten auch hinter den Heuschober; plazten zurück, als sie dort Männer in bestimmter Beschäftigung trafen; einige blieben dort. Das Gebet der Weiber wurde solchermaßen ziemlich gestört. Man hörte Schimpfen, Entrüstungen. Und schließlich hörte man auch hier zu beten auf.

Der Vortrapp war jezt in *Fischen* angekommen. Die Kirchenglocke begrüßte die Durchziehenden mit feierlichen Klängen. Vor dem Dorf machte man kurz Halt und ordnete sich zusammen. Der fremden Gemeinde wollte man sich in seiner ganzen Gebets-Geschicklichkeit zeigen. Die richtigen Abstände wurden genommen. Voraus die Weiber. Dann nach zehn Schritten der große Trupp Männer. Schließlich noch eine Kohorte Weiber. Ich behielt meinen Plaz. Nun giengs vorwärts. Alles begann jezt wieder mit vollem Brustton das Gebet an die »vierte Person der Drei-Einigkeit«, wie sie genannt wird, an die Jungfrau Maria: »Gägrüßt saist Du Marea …« Es ist ja sonst nichts zum Beten – da. In *Fischen* gukten die verschlafenen Jungens und blonden Mädchen aus den blinden Fensterscheiben heraus. Es war erst halb 7 Uhr. Der Wirt stund in weißer Schürze mit seiner Frau unter der Türe, und machte ein grimmiges Gesicht. Das sind schlechte Katoliken, bei denen nicht eingekehrt wird. Später, in *Erling*, welches dicht am Fuß von *Andechs* liegt, und wo Hunderte und Tausende von Hektoliter Bier während des Sommers verzapft werden, werden wir auf bessere Katoliken stoßen. Die Sonnenstrahlen machten sich jezt geltend. Vielen troff der Schweiß von der Stirne. Und Mancher, wie der Schreiber dieses, hielt nicht nur des Gebets wegen den Hut in der Hand. Einige stürzten zum Brunnen und pumpten sich, unter dem Gelächter der Anderen, einige Mund voll Wasser. Wasser galt nicht gerade für infam. Aber doch nicht für schiklich. Einige Gruppen aus *Fischen* gesellten sich zu uns. Besonders ein Trupp junger Leute, von denen wir bald Näheres hören werden. Diese schlossen sich in meiner Nähe an. Ich selbst blieb am Schluß des Männer-Zugs, um nach beiden Seiten hin alles übersehen zu können. Kaum hatten wir *Fischen* paßirt, und hatten uns, da hier die Seespitze erreicht war, nach Links, der Hügelgruppe zugewandt, in deren Richtung *Andechs* lag, so löste sich alle Disziplin. Das Beten wurde lau; man hatte sich blos den *Fischenern* zeigen wollen; und einer der zuletzt gekommenen jungen Leute benützte die Gelegenheit, um durch komische Situationen den etwa noch vorhandenen Ernst sozusagen zu erschlagen. Mitten drin brüllte er plötzlich: »… *Weibern* …«, als wäre er an der Stelle »… bist gebenedeit unter den Weibern …«; und als ihm natürlich höllisches Gelächter antwortete, tat er sehr überrascht, und beschwerte sich, daß man ihm allein das Beten überlasse u. dgl. Nachdem sich ähnliche Intermezzi wiederholt hatten, sezten die Männer ihre Hüte auf und ließen das Beten sein. Und hinten bei den Weibern wurde es ebenfalls still. Es gieng jezt bergauf. Man ließ sich etwas gehen; gieng herüber und hinüber, tauschte die Plätze, und ein ungezwungener Diskurs begann.

In solchen Zwischenpausen, »Gewehr auf linke Schulter!«, wurden auch die Distanßen nicht mehr eingehalten. Die Weiber, die während des Rezitirens einen genauen und geschlossenen Zwischenraum innehielten, näherten sich jezt. Die Männer schauten zurück. Und es begann nun eine Unterhaltung zwischen vorn und hinten. Offiziell war dieses Verhalten nicht. Es sollten vielmehr die nach Geschlechtern getrennten Züge die Separirung in den Kirchenstühlen, wo die Männer rechts und die Weiber links sitzen, hier auf der Landstraße wiederholen. Denn was anderes, als eine auf die Schoßee geführte Kirche, und eine in Bewegung umgesetzte Frömmigkeit, war denn dieser Bittgang? Es war also Lumperei, was hier geschah. Und Lumperei folgte. Eine der Weiber, eine gutmütige Alte, war, den anderen vielleicht um einen Schritt voraus, bereits in die Reihe der Männer getreten, ohne ersichtlichen Grund. »Bleibst hinten, Alte, – sagte einer der jungen Leute – gelt, du bischt 'em Kaplan die sei'!« – und zu seinen Kameraden gewant – »weischt, die schmeckt 'en wie d' Kuah, drum will s' alleweil vor.« – (Der Kaplan ging vorne im Männerzug.) Heiteres Gelächter in den Reihen derer, die es hören konnten, war die Antwort. Die Weiber machten natürlich »Husch!« Schienen es aber nicht schwer zu nehmen. Hörten es vermuthlich gerne.

Der Wiz war nicht der, daß er dem Kaplan ein Weib zumutete. Ueber eine selbstverständliche Sache kann man keinen Witz machen. Der Wiz war der, daß er ihm eine so *alte* zumutete. Die feststehende, unverrükbare Basis, auf der das Landvolk diese Frage behandelt, ist die, daß ihr Pfarrer nicht heiraten *kann*. Alles was folgt und folgen kann: Enthaltsamkeit, Fettsucht, Verblödung, Masturbazion, Hurerei, Konkubinat, unehelicher Nachwuchs, Kindsmord, Meineid, Verführung schulpflichtiger Mädchen, Versezung, Suspendirung, Zuchthaus ec. ec. werden als selbstverständliche Erscheinungen für sich betrachtet, wie, daß, wenn es regnet, es nass wird. *Die* Frage, was einträte, wenn der katolische Pfarrer heiratete, ist als Ueberlegung, als psychische Funkzion, als Einführung einer neuen Größe in die Rechenaufgabe, für einen Katoliken, und wäre er der gebildetste, und wäre er der Kultusminister, unmöglich. Denn der katolische Pfarrer *kann* ja nicht heiraten. So ist katolisches Denken seit Jahrhunderten festgelegt. – Und auf wessen Autorität ist dieses Denken so festgelegt, war es, und wird es bleiben? – Auf die Autorität *eines* Italieners, eines Kardinals, der in Rom eine bestimmte Mütze aufhat. –

Wir, – und ich darf hier wohl im Plural sprechen – haben nichts dagegen, wenn, um einmal moralisch zu reden, oder zu konstruiren, oder aufs Naturrecht zurückzugehen, oder wie Sie's nehmen wollen, wenn ein katolischer Pfarrer, oder ein anderer Mensch, der nicht ehelich sein will, oder kann, oder darf, sich der freien Liebe ergibt. Aber, daß er es unter einer *himmlischen Devise* tut, damit er, wie die Kirche sich ausdrückt, den »Leib der Hure«, und den »Leib Christi« nicht gleichzeitig berühre, – um sie dann beide erst recht zu berühren – dagegen sträubt sich das moderne Bewußtsein. –

Eine ekelhafte, zum Brechen geneigte Stimmung hatte mich anfangs erfaßt. Es war mir jezt wieder wohler. Wir waren im Wald und marschirten gegen Osten. Es gieng leise bergan. Die Sonne brach durch das frische Frühlingsgrün. Nach den Regengüssen der letzten Tage stand Alles im üppigsten Flor. Bittgänge für Regen, wie sie Jahrs vorher in Masse abgehalten worden, und nichts genüzt hatten, waren dies Jahr nicht nötig. Der Weg war feucht, die Luft frisch und erquickend. Und doch fühlte man, daß die größere Hitze noch kommen werde, daß der Kampf noch bevorstand. Es gieng jezt auf acht. Bergauf da erlahmte auch der gelenkigste Gebets-Eifer. Wie Zugtiere schleppten wir uns hinauf. Glüklich, Sauerstoff, geschweige »Ave-Maria«-Dekaden, zu erhaschen. –

Und doch haben es die Leute, wie ich später erfuhr, selbst die Saumseligsten unter ihnen, auf 11 Rosenkränze gebracht; d. i. auf 11 mal 5 mal 10 »Ave-Marias«, ohne das Beiwerk, die »Vaterunser«, die »Ehre sei dem Vater«, einige später zu erwähnende Spezial-Gebete, wie das dreimal »Heilig«, und, was die »drei Perlen der Berloke« enthalten. Da nun das »dreimal Heilig« 100 Tage Ablaß einbringt,[8] das »Ehre sei dem Vater«, welches in jedem Rosenkranz 5mal, in 11 also 55mal, jedesmal 100 Tage einbringt, zusammen also 5500 Tage,[9] jedes »Vaterunser« im Rosenkranz, welches daselbst 5mal vorkommt, in 11 also 55mal, jedesmal 100 Tage vergütet, zusammen also 5500 Tage,[10] und leztlich jedes »Gegrüßt seist du Maria«, welches im Rosenkranz 50mal, in 11 also 550 mal erscheint, jedesmal nach dem Breve »*Sanctissimus*« Papst Benedikts XIII., vom

---

[8] *Maurel*, A., P. Priester der Gesellschaft Jesu, Die Abläße und ihr Gebrauch. Paderborn 1884. 8. Auflage, p. 103.
[9] *Maurel*, a. a. O., p. 105.
[10] *Maurel*, a. a. O., p. 229.

14. April 1726, 100 Tage einbringt, also zusammen 55 000 Tage,[11] die vier Posten addirt 66100 Tage, so hat jeder, auch der Saumseligste, im Bittgang vom Pfingstdienstag 181 Jahre Sündenstrafen-Nachlaß errungen, also Straf-Freiheit für hier oder im Fegfeuer auf 6 Menschenalter, d. h., wenn er das so Gewonnene für sich benüzen will, und beispielsweise 40 Jahre alt ist, auf 30 Jahre im voraus (wenn er, sagen wir, 70 Jahre alt wird); d. h. er braucht die dazu gehörigen Sünden nur noch zu begehen. Ungerechnet den »vollkommenen Ablaß«, den er nach einem Indulgenz-Brief des 14. Benedikt vom Jahre 1750 (der weiter unten noch zur Sprache kommen wird) durch den Besuch der Wallfahrtskirche *Andechs* selbst erringt. Und ungerechnet die Zahl der Seelen, die er, je nach seinen Mitteln, eine Mark pro Seele, auf dem Wallfahrtsberg selbst aus dem Fegefeuer erlösen will.

Ein Gedanke schoß mir hier durch den Kopf, als ich diese müden, abgearbeiteten, krummen, bukligen Bauern sich ächzend den schmierig-gewordenen Weg hinauf arbeiten sah: »Um diese Abläße zu gewinnen – schreibt *Maurel* – muß man einen Rosenkranz haben, der von den Vätern Dominikanern, oder von einem hierzu von ihrem General bevollmächtigten Priester eingesegnet ist.«[12] Nun nehme man an, so ein abgerakerter Bauer, so ein armer Teufel, benüzt aus Unachtsamkeit, oder Vergesslichkeit, oder Versehen, einen ungeweihten Rosenkranz, und betet sich an den Sonntagen und in den freien Stunden seines Lebens seine 2000 Jahre Sünden-Strafen-Nachlaß zusammen (dies ist bei einigem Fleiß und als Mitglied einiger Bet-Bruderschaften leicht zu erreichen; hat doch ein Jesuit *eo ipso* Antheil an sämmtlichen auf der ganzen Welt verliehenen Indulgenzen und Abläßen, ohne den kleinen Finger oder Zahnluke zu rühren) und kommt nun im Jenseits an, in der Hoffnung, den mühselig errungenen Lohn für sich und seine Familie einzustreichen – vielleicht hatte er ein paar gottlose Rangen und eine kiefernkranke Schwiegermutter, für die er zu sorgen hatte – und muß nun hören: Lieber Freund, deine ganze Arbeit war umsonst; du hast mit einem ungeweihten Rosenkranz gebetet! – Die Situazion für diesen armen Teufel, in der Auffaßung eines überzeugten Katoliken, ist einfach gräßlich! –

Wir waren jetzt mitten im großen, schönen, grünen, deutschen Wald. Die Vögel jubilirten, und die Maigloken dufteten aus dem

---

[11] *Maurel*, a. a. O., p. 229.
[12] *Maurel*, a. a. O., p. 230.

Dämmerlicht heraus. Stämme, gegen die wir wie Zwerge erscheinen mochten, schossen kerzengerade in die Höhe, und reichten sich hoch über unseren Häuptern die grünbefiederten Arme. Die eine oder andere Eiche mochte dabei gewesen sein, die noch den alten heidnischen Natur-Dienst der alten Germanen an derselben Stelle miterlebt hatte. Was mußte sie denken, als sie dieses zählende, rechnende, mit ihrem Gott um ein Vaterunser feilschende Geschlecht – »Gilt für eins!« Jetzt hast du eins gut. – »Morgen betrüg ich beim Pferdehandel.« – Jezt hab ich Eins gut. – unter sich hinwinseln sah? Ein Glück, daß die Sonne hell am Himmel stand. Wäre *Thonar* über die Wipfel hingefahren, er hätte seinen schweren Hammer auf diese Ablaß-Köpfe fallen lassen, und ihnen den Weihrauch aus der Nase getrieben.

Es wurde Halt gemacht. Die Höhe war erreicht. Die Paßhöhe. Die Wasserscheide. Vielleicht war es dies Wort, welches Manche anregte. Viele, Männlein und Fräulein, sprangen aus und verschwanden hinter den Büschen. Andere aber, die orts- und wegkundig waren, verschwanden hier auf Nimmerwiedersehen. Sie kannten kürzere Pfade, um *Andechs* zu erreichen. Und ihnen war es nicht um die »Dekaden«, um den »vollkommenen Ablaß«, noch um die 181 Jahre Nachlaß zeitlicher Sünden-Strafen zu tun. Sie wollten wißen, wie das Kloster-Sommerbier dies Jahr geraten sei. Sie wußten, daß, wenn sie heute im Rausch ihren Kameraden mit dem Messer zwischen die Rippen figeliren, sie eingelocht werden, und der Amtsrichter nichts weniger wie geneigt ist, das Strafmaß an den erplapperten Jahren zeitlichen Sünden-Strafen-Nachlaßes in Abzug zu bringen. Und gegen die transzendentale Abrechnung hatten sie ein tiefgegründetes Mißtrauen. Hier klafft die Wunde der katolischen Kirche. Daß die weltliche Gerichtsbarkeit die Sünden-Hotel-Rechnungen der Geistlichen nicht mehr respektirt. Und daß – o Jammer! – die Geistlichen selbst die frühere Immunität von dem weltlichen Richter verloren haben, und wie Bauern, nicht wie »Götter«, wie sie sich früher nannten, vor den Schranken des deutschen Reichs-Straf-Gesetz-Buches erscheinen müssen.

Doch der Schäflein waren noch viele. Und neuerdings gieng es mit frischem Mut und neugeölten Kiefern mit »Gägrüßt saist du, Marea...« vielhundertstimmig den Kamm entlang. Bald kam man wieder ins Freie. Der Weg senkte sich ins Tal. Man gieng zwischen reich bestandenen Feldern, die in der Morgensonne glizerten. Und in der Ferne erschienen die Kirchtürme von *Erling*, welches am Fuß des Klosterberges selbst liegt. Die Stimmung wurde jetzt immer gehobener. Der Kaplan gieng in der Mitte der Straße mit »Kurz getreten«, und ließ so die ganze Prozeßion rechts und links an sich vorbei. Dies hatte wohl die Bedeutung einer Okular-Inspekzion, um die Leute zu vergewißern, daß sie gesehen werden. Später kam er wieder nach vorne. Während einer der folgenden Pausen kam ein Mann, der auch im Zuge war, und mich längere Zeit beobachtet hatte, ohne daß es auffiel, neben mich und sagte: »No, was denkt der Herr über's Wetter?« – Ich denke, daß es schön bleibt, sagte ich. – »Ja, – meinte er, und beäugelte mit großem Ernst den Himmel – mer kann no nix saage; heut' bleibt's; aber für morge, 's sie no z'viel Nebel da, kann mer nix saage.« Dann nach einer Pause – »Der Herr is wohl nit aus *Dießen*!« Nein, – sagte ich – ich bin nur zufällig in *Dießen*; und habe die Gelegenheit benützt, um den Bittgang mitzumachen. – »No, und wie g'fallt's Ihna?« – Sehr schön, sehr schön! – »Ah, das ischt an andere Wallfahrt!« – und nochmals mit großem Nachdruck – »Ah, das ischt an andere Wallfahrt!« – Er meinte, eine schönere könnte ich wohl nicht leicht sehen. – Er benützte dann eine Gelegenheit, und entfernte sich wieder in unauffälliger Weise. –

Wir kamen jezt nach Erling. – Es mußte vorne ein Zeichen gegeben worden sein: Jezt, nach drei Stunden, kam ein neues Gebet, das Schlußgebet zum Hinaufziehen den Berg. »Heilig – heilig – heilig – ist der Herr Gott Zebaot!« Es wirkte, nach dem stundenlangen Winsel- und Jungfraugebet wahrhaft erquickend. Die Kirchenglocken von *Erling* begrüßten uns, wie in *Fischen*. Alles schaute aus den Fenstern. Viele in festlicher Kleidung. Es war schon bald Zeit zum Früh-Amt. Die Wirte mit Frau und Kellnerinnen, alle in weißen Schürzen, stunden unter ihren Türen und betrachteten uns. Sie machten fröhliche Gesichter. Jeder Zug ist für sie ein Ausschank von etwa hundert Hektoliter. Es waren brave, tüchtige Katoliken. Einige junge Leute stürzten aus dem Wirtshaus auf uns zu mit dem Ruf: »Jezt wolle mer aber fescht bette!« Brüllend mischten sie sich in den Zug. Es gieng den Berg hinauf. Oben wurde eine weiße Gestalt sichtbar. Es war der Kaplan, oder ein Geistlicher von *Andechs*, der uns entgegenkam, und Alle mit Weihwasser besprizte. Auf Bänken, Mauern, Linden, erhöhten Grasflächen, Bastionen stand alles Kopf an Kopf, um uns einziehen zu sehen. Man gieng einen mit schweren Kieseln bepflasterten engen Burgweg hinauf. »Die *Dießener*! – Die *Dießener*!« rief es von allen Seiten. Die Kirche von *Andechs* mit ihrem hohen Turm, und dem schloßartig emporragenden Klostergebäude wurde dicht über unseren Köpfen sichtbar. Eine geschäftige Eile bemächtigte sich jezt Aller. Noch immer klang es »Heilig – heilig – heilig!« Eine Kellnerin mit schäumend gefüllten Maßkrügen in jeder Hand paßierte blizschnell den Weg. Ein kleines Mädchen mit ellenlang aus ihrem Körbchen hervorstarrenden Brotlaiben befand sich plötzlich mitten im Zug. Es schien sie nicht weiter zu scheniren. Eine Frau kam aber rasch und holte sie heraus. Jezt war man oben. Schnurstracks gieng's zum Kirchenportal. Und da hinein. Hinter uns senkten sich zwei rote Fahnen, und giengen uns nach, Niemand außerhalb des Zuges passieren lassend. Noch einen kurzen, schmalen Gang. Und jetzt war man in der Wallfahrtskirche von *Andechs*.

Ich müsste lügen, und meinem mir selbst gegebenen Versprechen, nur einige Sensationen, und diese ganz, wiederzugeben, untreu werden, wollte ich verschweigen, daß der erste Eindruck ein überwältigender war. Eine Summe von Farbe, Pracht, kühnen und reizenden Formen, das Ernste und Tiefsinnige von der heitersten, ausgelassensten Seite aufgefaßt, überall hervorsprudelnd und quirlend, und alles überflutet von dem Sonntagsgewand der Sonne, so stürmte es auf die Seele des Neulings. Es war wie in Richard *Wagner's* »Liebesmal der Apostel«, wo nach stundenlangem ertötenden Vokalsaz der Männerstimmen das Ungewitter plötzlich bei den Violinen beginnt und nun fegend und rasend ein Orkan von Empfindungen uns das Herz stürmt. Es war nichts Religiöses, oder Ernstes, oder Feierliches, was uns überkam, sondern das helle Entzücken; der reine Affekt, zunächst noch inhaltleer; das Blut schäumte. Welcher Unterschied – sagte ich mir – zwischen jenen erstarrten, schottischen Mönchen, die im 6. und 7. Jahrhundert die neue Entsagungs-Lehre mit der Düsterkeit und den Nebelzügen ihres Klimas mischten, und, in wörtlicher Befolgung des Bibeltextes, ohne Unterlaß beteten und sich nicht mehr zu rühren wagten, so daß man sie in das sonnige Italien abführen mußte, – und diesen Jubel- und Farben-Exzessen, diesem Geflirr und Gefunkel, diesen Trompeten-Fanfaren in der Meße und – ich sage kein Wort zu viel – dem Kankan-Tanz der göttlichen Familie auf den Balustraden. Es war ein Rokoko-Interiör in der üppigsten Ausgelaßenheit. Auf dem Hochaltar tronte, längst die Person der Drei-Einigkeit verdrängt habend, in wuchtigen Schnitzformen die *Maria*. In der ersten Etasche, wo eine zierliche, mit reizenden Flachreliefs geschmükte Gallerie herumlief – Bel-Etasche konnte man sie mit Recht nennen – tronte auf dem Hauptaltar wiederum die – *Maria*. Und hoch, hoch oben erkannte man erst in gipserner Zierlichkeit Gott Vater und Christus, aber nicht mißmuthig über die Deplaßirung, sondern hocherfreut und mit eleganten Turnerkünsten beschäftigt. Zwischen Beiden, wie ein weißangestrichener »*foot-ball*«, schwebte die Weltkugel. Und Gott Vater, von seinem Ballustradensiz sich weit vorbeugend, schien zu seinem Sohn, auf die Weltkugel deutend, hinüberzurufen: »*Regardez, mon fils, ce monde; c'est moi qui l'a fait!*« – Und Christus mit freudigem Herüberneigen, die beiden Hände entgegenstreckend, schien zu antworten« »*Ah, vraiment, mon cher père, c'est bien charmant, vous-êtes un artiste!*« Ich kann den Eindruk gar nicht anders wiedergeben. – Rechts und links, mit dem äußersten gipsernen Poderchen auf dem vergoldeten Gebälk aufsizend, wiegten sich in luftigen Kleidchen, die nakten Beinchen heraustrekend, zwei Engel, und schienen mit zu den Lippen geführten Händchen, wie zwei Artisten-Kinder, den Beifall der zahlreich versammelten Menge zu erwarten. Die *Dell'Era* hätte eine Freude gehabt an diesem himmlischen Ballett-Kohr.

Und so war der Schmuk und die Auskleidung ringsum; stellenweise mit architektonischen Details, wie vergoldeten Erkerchen u. dgl. in der Gallerie-Höhe, in entzükender Weise ausgeschmükt. Auf der Gallerie-Außenseite, wo unter anderem das *Wort Mons sanctus* in großen Goldbuchstaben zu lesen war, lief ein Zyklus die Hauptmomente der Klostergeschichte illustrirender Oel-Bilder von etwas hartem und rohem Gepräge. Dagegen sind die im Stil an die Gebrüder *Asam* des vorigen Jahrhunderts erinnernden Wand- und Decken-Fresken stellenweise von feiner künstlerischer Empfindung. Die derzeitige Anlage des Kirchen-Inneren stammt aus den Jahren 1751 bis 1754, aus der Regierungszeit des Abts *Bernhard Schütz*. Erwägt man, daß in diesen farbenüberfüllten, lichten Räumen im vorigen Jahrhundert Paßionsspiele auf eigens konstruirter Bühne unter dem Zulauf von Tausenden stattfanden, dann begreift man, wie die von jesuitischen Architekten, Künstlern und Schauspielern geleitete gegen-reformatorische Bewegung das blöde Volk in den Banden der katolischen Kirche, der seit der deutschen Reformazion der ethische Gehalt geschwunden war, festhalten konnte; an Gips, Farbe, Prunk ersezend, was an wirklicher Herzensbildung verloren gegangen war.

Reich ist die Zahl der Reliquien und wundertätigen Bilder, deren sich *Andechs* rühmt. Obenan stehen »die wunderbaren heiligen drei Hostien« in einer 20 Pfund schweren, silbernen Monstranz; ehemals in Bamberg; eine dieser Hostien ist diejenige, die Papst Gregor der Große im 6. Jahrhundert in wirkliches Fleisch verwandelte. Eine römische Matrone hatte nämlich gelacht, als ihr der Papst die Hostie reichte. Der Papst frug, warum sie lache. Sie sagte: ich hab das Brot selbst gebaken; ich bin die Bäkerin. Darauf zeigte ihr der Papst die Hostie als Fleisch. – Tabloo. – Ferner sind bemerkenswerte Gegenstände: »Oel vom Grab des heiligen Nikolaus«; »Blutstropfen von den heiligen Hostien zu Deggendorf«[13], der »Rock der heil. Elsbeth«; »ein »Stük vom Hinterkopf des heil. Sebaldus«; »Reliquie vom Gürtel der seligsten Jungfrau«, den gewöhnlich die kurfürstlich-bairischen Wöchnerinnen sich erbaten, um durch ehrfurchtsvolles Tragen desselben sich einer glücklichen Entbindung zu erfreuen (jezt nicht mehr?); »eine ›goldene Rose‹ eines Papstes«; »ein Stück von der Kinnlade des heil. Vitus«; »ein Zahn und ein Stük Hirnschale der heiligen Serena«; »drei Partikeln des heil. Prozerus«; »sechs Partikeln von unbekannten Heiligen«; »eine Rippe der heil. Jungfrau«; »Linnenstück mit Blutspur von der Beschneidung Christi«; »Armspindel (Vorderarmknochen) des heil. Laurentius«; »ain Tail von dem Klaid des Heiligen Papstes Celestin«; »zwei Partikeln von unschuldigen Kindern«; »ein Stück Meßgewand (!) des heil. Petrus«; Kreuz-Partikel, Grab-Partikel, Leintuch-Partikel, Lendentuch-Partikel u.s.w.; im Ganzen 132 Nummern![14] »Überhaupt – sagte der vorzeigende Pater – ist von Christus und seinem Kreuzestod überall etwas vorhanden, von der Beschneidung angefangen bis zur Dornenkrone«. –

In der dikleibigen »Chronik« blätternd finde ich aufs Gratewohl folgende Dinge: »Auf dem von Rothenfeld östlich gelegenen Anger zeigte sich (1748) eine Anzahl von Würmern von furchtbarer Gestalt und Dicke, aus dem Boden herauskriechend. Der Abt wendet sich an das Kloster Füssen und erbat sich den Stab des heil. Magnus, mit dem ein Bittgang durch die Felder veranstaltet wurde« (p. 572). »Eine drohende Viehseuche – Lungenbrand – veranlaßte (1748) die Erlinger zu länger andauernden öffentlichen Gebeten bei den heiligen Hostien« (p. 572). »Ein anderes Übel, welches um diese Zeit (1749) in Baiern großen Schaden anrichtete, war eine Heuschreckengattung, etwas größer als die einheimischen, welche in solchen Maßen sich bemerkbar machten, daß sie manchmal die Sonne zu verfinstern schienen. Das Geläute der Glocken bewirkte, daß sie sich nicht auf den Boden niederließen« (p. 572). »Dr. Braunschober, ein reicher Arzt von München, sei-

---

[13] Dort ist eine Irrenanstalt.
[14] Chronik von Andechs, p. 772–788.

nes vorgerückten Alters wegen des Stadtlebens überdrüßig, zog (1747) in das Canonicat zu Dießen. Ihm verdankten die Chorherren besonders das Geheimmittel zur Herstellung des später so berühmt gewordenen Dießener Balsams, welches ihnen Tausende von Gulden eintrug« (p. 570). »Der Briefwechsel mit den Klosterfrauen auf dem Lilienberge wurde (1747) untersagt« (p. 568). »Der Abt Bernhard Schütz überließ (1748) einen Theil der Kinnlade des heil. Vitus der Pfarrkirche Erling« (p. 571). »Der Abt erhielt (1749) durch ein besonderes Schreiben des Bischofs Joseph die Facultät, auf 5 Jahre von der Häresie, jedoch nicht von dem Rückfalle in dieselbe, zu absolvieren« (p. 571). »Als die Wallfahrer von Erling (1749) beim Uebergang über den Bach über einen Steg schritten, fiel der 15jährige Stiefsohn des Amtsdieners in's Wasser und kam in große Gefahr; man sah ihn bloß noch seine Hände aus dem stark strömenden Wasser emporstrecken, so daß alle Anwesenden ihn verloren gaben. P. Meinrad, der als Pfarrer die Wallfahrer begleitete, machte ein Gelübde zur Ehre der Mutter Gottes in Andechs,[15] und sofort trieb die Strömung den Jüngling auf festen Boden, von dem er mit klarem Bewußtsein sich bald erheben konnte« (p. 573). »Ein Klosterrichter aus der Umgegend hatte dem Kloster 1000 Gulden geliehen; kurz vor seinem Tode (1759) schenkte er die Summe dem Kloster gegen das Versprechen, daß für ihn 1000 Seelenmessen gelesen werden« (p. 597). Im Jahre 1755 wurden während einer Feierlichkeit in fünf Tagen 60 000 Hostien gebacken und verabreicht: die Zahl der Wallfahrer während dieser Zeit betrug 80 000. Franziskaner von München halfen dabei aus: »Einer von diesen fühlte sich eines Nachmittags unwiderstehlich vom Schlafe gequält. Nachdem ein Bauer sein Bekenntnis abgelegt hatte, sagte er zu ihm, ›Mein Lieber! Ihr verdient zwar keine große Buße, aber ich habe eine dringende Bitte an euch; da ich schon fünf bis sechs Tage beständig Beicht höre und keine Zeit zum Schlafen finde, so bin ich gerade schrecklich vom Schlafe geplagt; seid so gut und betet hier im Beichtstuhl einen Rosenkranz, damit ich einige Minuten dem Schlaf mich überlassen kann; wenn ihr fertig seid, so wecket mich; ich werde euch von Herzen danken.‹ Es geschah nach seinem Wunsche und der Pater wurde wieder fähig, sein Geschäft fortzusetzen« (p. 584–585). U. a. m.

---

[15] Dies ist ein hölzernes Bild; da außerdem eine Mutter Gottes *in Andechs* nicht bekannt ist.

Das »Amt«, welches für die *Dießener* gehalten wurde, war vorbei. Die singenden Jungens auf dem Chor hatten sich soweit gut gehalten. Diese Landmeßen sind bei der entschiedenen musikalischen Begabung der Bevölkerung recht gut zum Anhören. A capella-Singen trifft man sehr häufig. Trompeten und sonstiges Blech zetert oft ungebührlich hinein. Die Leute verliefen sich. Die Einen liefen zum Reliquien-Besuch. Andere begukten die Votiv-Bilder, die, auf mehrere Jahrhunderte zurückgehend, in zahlloser Menge an Wänden und auf Stiegen herumhängen. Diese verdienten wegen ihrer Originalität – könnte man sie jezt schon wie etwas Historisches besprechen! – ein eigenes Kapitel. Da fährt z. B. auf dem einen Bild ein eleganter Reisewagen über den Wiesenplan; Stil: 7jähriger Krieg; zwei elegante Kavaliere mit gepuderten Perrüken und Spizhut sizen drinn; vier Goldfuchsen, deren Hälse die unglaublichsten Verkrümmungen machen, sind im Durchgehen begriffen. Hinter dem Wagen rennt ein Pater in schwarzem Habit mit beschwichtigenden Händen drein. Oben in den Wolken die Jungfrau mit dem Kind, Szepter, Krone, Krönungsmantel, schaut in impaßibler, zeremonieller Haltung der Szene zu. Auch hier »hat die Mutter Gottes von *Andechs* geholfen.« Oder etwas Ländliches: Ein Bauer und eine Bäuerin knieen im Profil, die Hände gefaltet, sich gegenseitig anschauend, auf einer Wiese. Zwischen ihnen 12 wohlgezählte Wikelkinder, gleich groß und nummerirt, aufrechtstehend wie hingesezte Eier, in einer Front herausschauend; rechts der Bauer, links die Bäuerin, oben die Mutter Gottes. Man weiß nicht, verloben die Zwei sich gegen das Dreizehnte, und führen das erste Duzend als Beweismaterial vor; oder bitten sie mit den Kleinen um besseren Graswuchs für die Kühe. –

Oben auf der Gallerie drängt sich die Menge an dem Altar-Bild der Mutter Gottes vorbei. Jeder wirft ein Stük Geld auf eine große, mit Münzen fast gefüllte Schüssel, und berührt dann mit der Hand ein wunderthätiges Sakramenthäuschen. Auf dem Altar selbst wird eine Feiermeße nach der anderen gelesen. Zur Zeit ist dies nur an zweien Altären möglich. Aber an den drei Himmelfahrtstagen kann von jedem der sechs Altäre der Kirche aus je eine Seele auf einmal, aber beliebig viele nach einander, aus dem Fegfeuer gezogen werden: Aber nur durch Spezial-Erlaubnis des Papstes – die viel Geld kostet – ist diese Transakzion möglich. Es ist dogmatisch nicht sichergestellt, ob die Leitung ins Jenseits von *Andechs* über *Rom*, oder direkt von *Andechs* ausgeht. –

Wir verlaßen dies Schauspiel der zahlenden Menge, des lispelnden

Priesters, und wenden uns dem Ausgang zu. Rechts, noch vorher, starren uns aus einem dunklen Verließ die mannsdiken, aufrechtstehenden Wachskerzen der bairischen Kurfürsten an, mit verflossenen Mienen, mit erstarrten Grimmmaßen, wie Repräsentanten aus einem Wachsfigurenkabinet. Ueber dem Ausgang prangt, dem Eintretenden zuerst sichtbar, in großen goldenen Lettern die Inschrift: »*Indulgentiae plenariae.* Vollkommener Ablaß.« Und neben an der Wand hängt eine Kopie und Uebersezung des Indulgenz-Briefes *Benedikt's* XIV. vom Jahr 1755, wonach »Ihro Päpstliche Heiligkeit allen und jeden Christgläubigen Wahlfahrteren, an waß immer für einen Tag deß Jahres sye den Heiligen Berg Andex besuchen, alle Jahr einmahl vollkomnen Ablaß verleihen und Nachlassung aller Sünden-Straffen.« – Draußen herrscht lauter Jubel und ein buntes Treiben. Die Verkaufsbuden schließen dicht an die Kirchenwand an, und sind belagert von einer neugierigen Menge. Alles nur Denkbare, was mit dem Wallfahrtsort in Bezug gebracht werden kann, Bilder, Kerzen, Bücher, Figuren, Schnizereien, Votivgegenstände werden hier feilgeboten. Und oben, das Innere der Buden geradezu verfinsternd, hängen schnurartig die unendlichen Reihen der Rosenkränze. Das Kloster hat eine eigene Verkaufsstelle im Innern seiner Räumlichkeiten, wo allein drei Fratres alle Hände voll zu tun haben. Das Geschäft geht enorm. Ich sah junge Bauernmädchen Bilder u. dgl. duzendweise erwerben, da alle zu Hause Gebliebenen bedacht werden sollen. Neue Züge Pilger, entfernter wohnende Gemeinden, kommen an und werden in die Kirche geleitet. Auf dem Platoo des Berges, der kugelförmig ansteigt und ringsum gänzlich abgeschloßen ist – es war früher die befestigte Burg der Grafen von Andechs – entwikelt sich immer regeres Treiben. Die Zahl der Einzel-Besucher ist fast so groß wie die der geschloßenen Züge. Man lagert am Rasenboden, den Abhang hinunter. Die Bänke auf der Südseite, wo man eine schöne Aussicht gegen den Starnberger-See zu genießt, sind schon dicht besezt mit einer schwatzenden, lärmenden, sich lustirenden Menge. Hinter uns, gegen *Erling* zu, das mächtige Bräuhaus und die Wirtschaftslokalitäten. Die eigentlichen Pilger haben vielfach Mundvorrat mitgebracht. Aber auf das Klosterbier sind alle angewiesen. Ganze Züge, die keinen Platz mehr finden, gehen in das dicht am Fuß gelegene *Erling*, welches heute, wie in früherer Zeit, ganz vom Kloster abhängt. Und die Leute vertilgten hier ganz unglaubliche Quantitäten. Es war einer jener Heuschreken-Züge, von denen oben in der »Chronik« die Rede war, die alles auffraßen, und wobei die Gloken geläutet werden. Aber diese Heuschreken-Züge bezahlen. Auf dem Nach-Hause-Wege soll es noch toller zugehen, wie mir ein *Dießener* berichtete. Viele traten schon mit heißem Kopf den Rükweg an. Kommen dann lechzend und schweißgebadet nach *Fischen*. Stürzen dort in die Wirtshäuser. Wie es geht; wenn einmal auf dem Marsch getrunken wird, muß immer neu nachgegoßen werden. Bis sie herauskommen, ist die Spize der soliden Beter längst voraus. Fluchend, schimpfend und betend eilen sie hinterdrein. Und für Duzende endigt dann die Wallfahrt im Straßengraben.

... vertilgten hier ganz unglaubliche Quantitäten – sagte ich oben. – Wenn nur die Herzensangelegenheit in Ordnung ist, dann geht das übrige Leben in seiner koloßalen Brutalität weiter. Wenn du nur die Indulgenz in der Tasche hast, dann bist du gepanzert und gesichert gegen alle Fährlichkeiten; dann laß deinen Begierden ihren Lauf, sei Bestie oder Schlange, Hund oder Schakal. Hast du genug, dann gehst du wieder wallfahrten, gebrauchst das katolische Laxirmittel, und deine Schakal-Seele wird wieder unsterblich. – Ueberlegt man das barbarische Rezept, die roßkurartige Behandlung der Psyche, so muß man sagen: für die Zeiten, da diese Geschlechter selbst nicht viel besser wie Tiere waren, in den früheren Jahrhunderten, da diese Menschen wie Wilde in ihren ungerodeten Wäldern saßen, die Adeligen und Freien Viehtreiber waren, und selbst die Geistlichen, wie zu *Bonifaz*'-Zeiten, nicht wußten, ob es »*in nomine*« oder »*in homine-domini Jesu Christi*« hieß, war diese Dreschflegel-Religion, welche die Menschen *einmal* im Jahr an den Altar hinzwang, um für's Jahr absolvirt zu werden, eine vortreffliche Sache und ein Fortschritt für ihre Psyche. Aber heute, für unsere mimosenhafte Seele, für die durch tausendfache Kultureinflüße so empfindliche Reakzion unseres Geistigen, wie sie auch die mittleren, ja die niederen Stände, erfaßt haben, ist diese »Geh-mer-fort-und-kauf-mer-'was«-Methode in der Religion eine unsägliche Rohheit. Hieran wird die katolische Kirche, die sich nicht mehr ändern kann, zu Grunde gehen. An diesem harten Formelwesen, welches einer höheren Auffaßung unfähig, wird sie wie ein Stück altes Eisen, welches die Biegung nicht mehr mitmachen kann, zerbrechen. Hier stekt ein Stück des Bööziertums der Süddeutschen; selbst bei den Gebildetsten. In diesem starren Formelwesen, welches aus dem 10. Jahrhundert stammt, und welches auch ihren Geist in Fesseln schlägt. Ja, selbst bei den Gebildetsten. Sei du Minister! Und gehe du in der Fronleichnamsprozeßion mit Geklingel und Geblase hinter dem gestikten Bischof drein; und dann sieh du zu, weßen – ministe du bist! Um das Kredo kümmern sie sich zwar nicht. Und beichten, auch nur einmal im Jahr, – fällt ihnen, den gebildeten Klaßen, nicht im Traume ein. Aber das Schema dieses psycho-somatischen Austauschs, das haben sie alle in sich. Und die Knabenjahre im Beichtstuhl, die haben sie nicht vergessen. Das Schema: für eine Handvoll Pfeffernüße krieg' ich was Psychisches, und für eine abgelaufene Schuhsole bekomme ich mein vertrocknetes, ledernes Herze rekonstruirt, das ist ihnen allen geläufig, und das durchdringt ihr ganzes Leben in materieller wie geistiger Beziehung. Der große *Descartes* hatte ein solches Grauen vor dieser Vermischung von Geistigem und Materiellem, daß er in seinem System eine Transakzion von dem einen zum andern für eine bare Unmöglichkeit erklärte. Dachte er an den katolischen Ablaß, als er seine zwei berühmten »Substanzen« schuf, die des *Gedachten* und die des *Ausgedehnten*, das Reich der »Geister« und das der »Körper«, die nie in einander übergehen können? –

... fraßen und soffen ganz unglaubliche Quantitäten – sagte ich oben. Wir sind noch auf dem Berg ... und scherzten und zoteten wie auf einer Kirchweih' – könnte ich hinzufügen. Kirchweih'! Da haben wir's ja schon wieder. ›Weihe einer Kirche‹ ist im katolischen Volksleben identisch mit dem brutalsten Ausleben der Volksgelüste geworden. Ich mußte, als ich diese Riesenfreßereien und diesen Riesenspektakel mitansah, an die Homerischen Schilderungen der Mahlzeiten der Achäischen Helden vor Troja denken, wo auch die Größe und Menge der in Fett eingewikelten Ochsenkeulen und Lammsrüken unser gerechtes Erstaunen erweken. Aber *sie* kamen aus der Schlacht, und waren physische, muskulär arbeitende Menschen. Und diese hier, woher kamen die? – Nun, eine große Arbeit hatten sie allerdings auch vollbracht. 11 Rosenkränze, 55 Vaterunser, 550 Ave-Marias, einige 50 »Ehre sei Gott ec«, einige 30 »Heilig!«, ohne die kleinen Zutaten und ohne das spezielle für den Besuch von *Andechs* vorgeschriebene Ablaßgebet: das mechanische Aequivalent von 66 000 Straftagen im Jenseits. Eine wahre Kiefernschlacht! –

»Als den Belustigten jezt der finstere Abend herankam,
Gingen sie auszuruhen, zur eigenen Wohnung ein Jeder.«

Das taten unsere Helden von *Andechs* auch. Die *Dießener* waren schon fortgegangen. Und auch die vielen Einzel-Passanten, meist Münchener, die per Eisenbahn, zu Fuß, oder selbst auf dem Veloziped sich die Indulgenz geholt hatten, waren nun längst auf dem Rükweg. Aber die vielen entfernteren Gemeinden, die heute auf Grund langer Gewohnheiten kamen, und zum Teil erst Nachmittags eingetroffen waren, wie *Landsberg, Stadl, Türckheim, Pflugdorf, Hagenheim, Amberg,* u. a. mußten übernachten. Der Abend war günstig. Was sich nicht in den Wirtshäusern und Maßenquartieren von *Erling* unterbringen ließ, blieb auf dem heiligen Berg und Umgebung im Freien. Die Sonne war untergegangen. Und die Mondsichel zeigte sich im fernen Osten.

»Endlich nach des Tages Schwüle
Naht die sanfte Abendkühle.
Ach, da schau'n sich schmelzend an
Pilgerin und Pilgersmann.« (W. Busch.)

Als ich spät den Weg in's Tal hinabging, hörte ich überall im Laube flüstern. Ich glaubte, Eidechsen schlüpften durchs junge Gras. Es waren aber lüstige Pilgersleute, die sich hier goutirten. Sie trieben »Unbeflekte Empfängnis« im Sinne der katolischen Kirche. – Es gilt als Regel unter den Wallfahrern, daß das, was in der Bannmeile des Klosters und nach erhaltener Indulgenz geschieht, an geschlechtlicher Vermischung geschieht, nicht als Sünde zu betrachten sei, sondern noch in die erhaltene Indulgenz mit hineinfalle. – Der ganze Wald seufzte und girrte. Ich weiß nicht, wie weit die Zauberwirkung dieses sexuellen Mont Salvage ging. Je weiter ich hinunterkam, desto dunkler wurde es. – Plötzlich stieß ich an Etwas, wie feste Mehlsäke, die dicht am Weg lagen, und machte mir mit einem »Sakrament!« Luft. Aber im Nu kam's zurück: »No, Sie damischer Hanswurst, Sie, Sie kunten auch sehn, daß Sie net alloan sin!« – Das war reines Altbayrisch, das war nicht die *Dießener* Mischung. Ich wußte sehr wohl, daß sie nicht allein, sondern zu Zweit waren. Auch sie trieben Unbeflekte Empfängnis. – So geht es, dacht ich mir. Stört man diese Leute in ihren heiligsten Beziehungen, dann wird man noch geschimpft. – »Hanswurst!« – Der Mann hatte nicht Unrecht. Man wird hier zum Narren, wenn man über diese Dinge nachdenkt.

Ich kroch eilig die kleinen, engen Stufen, die vom Klosterberg in's *Kien*-Tal führen, hinab, und eilte nach Hause zu kommen. Es war Zeit; ich hatte noch eine halbe Stunde zum See. Voll Ekel im Herzen verließ ich diesen Sünden-Vergebungsberg. –

In *Hersching* traf ich den flachsblonden Fischer, den der Leser schon aus dem Beginn dieses Aufsatzes kennt. Er führte mich wieder über den See. – Und nicht los werden konnte ich den Gedanken, wie es möglich war, daß dieses rundköpfige, ehrliche, germanische Geschlecht von dieser wälschen, hosentaschen-ausleerenden Religions-Maxime so angesteckt, so infiziert, so grundverdorben werden konnte.

Literaturhinweise

Achternbusch, Herbert: *Die Stunde des Todes*. Frankfurt/M. 1975.

Aretin, Johann Christoph von: *Briefe über meine literarische Geschäftsreise in die baierischen Abteyen*. Herausgegeben von Wolf Bachmann. München 1971.

Bauer, Hermann und Anna: *Klöster in Bayern. Eine Kunst- und Kulturgeschichte der Klöster in Oberbayern, Niederbayern und der Oberpfalz*. München 1985.

Bauerreiss, Romuald OSB: *Andechs. Den Besuchern des »Heiligen Berges« gewidmet*. Andechs, Dießen 1925.

Bauerreiss, Romuald OSB: *Kirchengeschichte Bayerns*. St. Ottilien u.a.: 1953 (Band IV), 1955 (Band V), 1970 (Band VII).

Bosl, Karl/Lechner, Odilo OSB/Schüle, Wolfgang/Zöller, Josef Othmar (Hg.): *Andechs. Der Heilige Berg. Von der Frühzeit bis zur Gegenwart*. München 1993.

Busch, Wilhelm: *Die fromme Helene*. Heidelberg 1872.

Dehio, Georg: *Handbuch der Deutschen Kunstdenkmäler*. Bayern IV: München und Oberbayern. Berlin, 4.Aufl. 1990.

Denzler, Georg/Andresen, Carl: *Wörterbuch der Kirchengeschichte*. München, 4. Aufl. 1993.

Friedell, Egon: *Kulturgeschichte der Neuzeit*. Band I. München 1976.

Friesenegger, Maurus: *Tagebuch aus dem 30jährigen Krieg*. Nach einer Handschrift im Kloster Andechs herausgegeben von P. Willibald Mathäser. München 2007.

Kirmeier, Josef/Treml, Manfred (Hg.): *Glanz und Ende der alten Klöster. Säkularisation im bayerischen Oberland 1803*. Katalogbuch zur Ausstellung im Kloster Benediktbeuern 7. Mai-20. Oktober 1991. München 1991.

Kirmeier, Josef/Brockhoff, Evamaria (Hg.): *Herzöge und Heilige. Das Geschlecht der Andechs-Meranier im europäischen Hochmittelalter*. Katalog zur Landesausstellung im Kloster Andechs 13. Juli bis 24. Oktober 1993. München 1993.

Die Kunstdenkmale des Regierungsbezirkes Oberbayern. III. Theil. Bearbeitet von Gustav von Bezold und Dr. Berthold Riehl unter Mitwirkung anderer Gelehrter und Künstler. III. Weilheim, München I und München II. [1895]. München, Wien 1982 [Reprint].

Lexikon der christlichen Ikonographie. Freiburg i. Br. 1968–1976.

Lexikon für Theologie und Kirche. Freiburg i. Br., 2. Aufl. 1957–1968.

Mathäser, Willibald OSB: *Andechser Chronik. Die Geschichte des Heiligen Berges nach alten Dokumenten und aus neueren Quellen, ergänzt durch persönliche Erinnerungen*. München 1979.

Mathäser, Willibald OSB: *Flüssiges Brot. Andechs und sein Klosterbier.* Durchgesehen und ergänzt von Anselm Bilgri OSB. München, 2. Aufl. 1996.

Montgelas, Carl Joseph Franz de Paula Hieronymus: *Mémoire présenté à M(onsei)g(neu)r le Duc le 30 Septembre 1796.* Zit. n. http://www.hdbg.de/montgelas/pages/hmv33.htm (zuletzt abgerufen 12.8.2008)

Panizza, Oskar: *Die Wallfahrt nach Andechs. Ein oberbairisches Sittenbild.* [1894]. In: ders.: *Mama Venus. Texte zu Religion, Sexus und Wahn.* Hrsg. v. Michael Bauer. Hamburg, Zürich 1992.

Prinz, Friedrich: *Die Geschichte Bayerns.* München, Zürich, 2. Aufl. 1999.

Reitzenstein, Wolf-Armin v.: *Lexikon bayerischer Ortsnamen.* München, 2. verb. Aufl. 1991.

Ruederer, Josef: *Das Erwachen.* München 1916.

Scott, Walter: *Das Leben des Kaisers der Franzosen Napoleon Bonaparte mit einer vorangeschickten Übersicht der französischen Revolution vom Verfasser des Waverley, Peveril von dem Pick [!] u. s. w.* Danzig 1827.

Schindler, Herbert: *Große Bayerische Kunstgeschichte.* München 1963.

Schmid, Alois (Hg.): *Die Säkularisation in Bayern 1802. Kulturbruch oder Modernisierung?* München 2003.

Spindler, Max (Hg.): *Handbuch der Bayerischen Geschichte.* München 1967 bis 1975.

Stutzer, Dieter: *Klöster als Arbeitgeber um 1800. Die bayerischen Klöster als Unternehmenseinheiten und ihre Sozialsysteme zur Zeit der Säkularisation 1803.* Göttingen 1986.

Thoma, Ludwig: *Der Postsekretär im Himmel und andere Geschichten.* Wien 1914.

Thoma, Ludwig: *Die Wallfahrt,* in: ders.: *Meine Bauern. Sämtliche Bauerngeschichten.* München 1937.

Wells, H. G.: *Die Geschichte unserer Welt. Vom Neandertaler bis zum Zweiten Weltkrieg.* Zürich 1975.

Bildnachweis

Aus: Egon Cäsar Conte Corti, Ludwig I. von Bayern. München 1979: 25
Aus: Gerhard Hojer, Die Schönheitsgalerie König Ludwig I. Regensburg 1997: 39 unten
Aus: Birgitta Klemenz/Thomas Schmid, Kloster Andechs. Bayerns Heiliger Berg. München 2005: 12
Aus: Sigrid von Moisy, Von der Aufklärung zur Romantik. Geistige Strömungen in München. Regensburg 1984: 35
Aus: Hans Rall, Wittelsbacher Lebensbilder von Kaiser Ludwig bis zur Gegenwart. München 1979: 30
Anton Brandl, München: 19
Kloster Andechs: 11, 20, 21, 39 oben
Peter Langemann, München: 18
Peter T. Lenhart: 7, 13, 44, 46, 48, 50, 51, 53, 54, 55